JN066337

刊行によせて

　「47都道府県百科」シリーズは、2009年から刊行が開始された小百科シリーズである。さまざまな事象、名産、物産、地理の観点から、47都道府県それぞれの地域性をあぶりだし、比較しながら解説することを趣旨とし、2024年現在、既に40冊近くを数える。

　本シリーズは主に中学・高校の学校図書館や、各自治体の公共図書館、大学図書館を中心に、郷土資料として愛蔵いただいているようである。本シリーズがそもそもそのように、各地域間を比較できるレファレンスとして計画された、という点からは望ましいと思われるが、長年にわたり、それぞれの都道府県ごとにまとめたものもあれば、自分の住んでいる都道府県について、自宅の本棚におきやすいのに、という要望が編集部に多く寄せられたそうである。

　そこで、シリーズ開始から15年を数える2024年、その要望に応え、これまでに刊行した書籍の中から30タイトルを選び、47都道府県ごとに再構成し、手に取りやすい体裁で上梓しよう、というのが本シリーズの趣旨だそうである。

　各都道府県ごとにまとめられた本シリーズの目次は、まずそれぞれの都道府県の概要（知っておきたい基礎知識）を解説したうえで、次のように構成される（カギカッコ内は元となった既刊のタイトル）。

Ⅰ　歴史の文化編
　「遺跡」「国宝 / 重要文化財」「城郭」「戦国大名」「名門 / 名家」
　「博物館」「名字」
Ⅱ　食の文化編
　「米 / 雑穀」「こなもの」「くだもの」「魚食」「肉食」「地鶏」「汁

物」「伝統調味料」「発酵」「和菓子／郷土菓子」「乾物／干物」
　Ⅲ　営みの文化編
　　「伝統行事」「寺社信仰」「伝統工芸」「民話」「妖怪伝承」「高校
　　野球」「やきもの」
　Ⅳ　風景の文化編
　　「地名由来」「商店街」「花風景」「公園／庭園」「温泉」

　土地の過去から始まって、その土地と人によって生み出される食
文化に進み、その食を生み出す人の営みに焦点を当て、さらに人の
営みの舞台となる風景へと向かっていく、という体系を目論んだ構
成になっているようである。
　この目次構成は、一つの都道府県の特色理解と、郷土への関心に
つながる展開になっていることがうかがえる。また、手に取りやす
くなった本書は、それぞれの都道府県に旅するにあたって、ガイド
ブックと共に手元にあって、気になった風景や寺社、歴史に食べ物
といったその背景を探るのにも役立つことだろう。
　　　　　　　　　＊　　　　＊　　　　＊
　さて、そもそも47都道府県、とは何なのだろうか。47都道府県
の地域性の比較を行うという本シリーズを再構成し、47都道府県
ごとに紹介する以上、この「刊行によせて」でそのことを少し触れ
ておく必要があるだろう。
　日本の古くからの地域区分といえば、「五畿七道と六十余州」と
呼ばれる、京都を中心に道沿いに区分された8つの地域と、66の「国」
ならびに2島に分かつ区分が長年にわたり用いられてきた。律令制
の時代に始まる地域区分は、平安時代の国司制度はもちろんのこと、
武家政権時代の国ごとの守護制度などにおいて（一部の広すぎる国、
例えば陸奥などの例外はあるとはいえ）長らく政治的な区分でも
あった。江戸時代以降、政治的区分としては「三百諸侯」とも称さ
れる大名家の領地区分が実効的なものとなるが、それでもなお、令
制国一国を領すると見なされた大名を「国持」と称するなど、この
区分は日本列島の人々の念頭に残り続けた。
　それが大きく変化するのは、明治維新からである。まず地方区分

岩 手 県

▌知っておきたい基礎知識▐

- ・面積：15275km²
- ・人口：116万人（2023年速報値）
- ・県庁所在地：盛岡
- ・主要都市：花巻、北上、奥州（水沢）、一関、宮古、釜石、遠野
- ・県の植物：キリ（花）・ナンブアカマツ（木）
- ・県の動物：キジ（鳥）・南部サケ（魚）
- ・該当する旧制国：東山道陸奥国（むつのくに）→陸中国（主要部）・陸奥国（二戸郡一帯）・陸前国（陸前髙田・気仙郡一帯）
- ・該当する大名：南部藩（南部氏）、一関藩（伊達氏）
- ・農産品の名産：米、鶏（ブロイラー）、リンドウ、雑穀、牛、リンドウ、ホップ、漆
- ・水産品の名産：ワカメ、サケ、サンマ、カキ
- ・製造品出荷額：2兆4,943億円（2020年）

●県　章

岩手県の「岩」の字を図案化したもの。県の説明では住みよい街になるようなという願いを込めたものとされている。

●ランキング1位

・安家洞（あっかどう）　東部の北上山地には龍泉洞（りゅうせんどう）をはじめとしていくつか巨大な鍾乳洞があるが、岩泉町にある本洞窟は、現在確認されているだけでも23.7kmの延長を誇る。現在もまだ探索が続いている。

●地　勢

　北東北3県の一つであり、国内第2位の面積を誇る。県の西寄りを南北に縦断する大河が北上川（きたかみがわ）であり、この北上川とその支流に沿った北上盆地の一帯に、県庁所在地の盛岡市をはじめとした主要都市が、旧奥州街道や現代の東北本線沿いに連なっている。平安時代末期に奥州藤原氏の中心地として栄えた平泉も、北上盆地南部の磐井川（いわいがわ）近くに位置する。

　海岸線は太平洋に面し、山が海近くまで迫り入江が入り組んでいる。三陸海岸と呼ばれるこの一帯はリアス式海岸として有名だが、厳密にはリアス式海岸となっているのは中部から南部の海岸である。北部は断崖も見られる。宮古や釜石をはじめとして漁業が盛んな町が多いが、その地勢上、沖合の日本海溝などで発生する大地震による大津波の被害を歴史上繰り返して被ってきた。

　山岳地帯としては西の県境をなす奥羽山脈、東の太平洋との間に広がる北上高地が主をなす。北上高地中央部の早池峰山（はやちねさん）は多種多様な高山植物を持つことで知られる。また、奥羽山脈の岩手山・八幡平（はちまんたい）は有名な火山であり、麓には温泉も多い。

●主要都市

・盛岡市　古くは「不来方（こずかた）」とも称された、南部藩の城下町。近隣には古代城郭の一つである紫波城が平安時代初期に設けられるなど、古代政権の北限に近い地域であった。旧岩手銀行をはじめとした明治・大正期のノスタルジックな建物が残ることで知られている。

・花巻市・北上市　旧和賀郡・稗貫郡（ひえぬきぐん）の一帯、南部藩領では比較的肥沃な地域を管轄する花巻城の城下町兼宿場町として栄えた都市。現在は川向こうの北上市とともに双子都市とみなされている。岩手を代表する作家のひとり、宮沢賢治はこの地方に生まれた。

・奥州市（水沢）　かつて仙台藩重臣の拠点がおかれた城下町・宿場町で

ある水沢を中心に、旧江刺郡・胆沢郡に属する市町村の多くが合併してできた都市。水沢は江戸時代の侍屋敷も多数のこっていることで有名で、また、古くから用水路の開発などもなされてきた県内屈指の穀倉地帯である。

・**一関市**　仙台藩の一門として支藩田村氏が配された城下町に由来する小都市。仙台方面に向かうと北上川の川幅が一時的に狭まるため、一帯は洪水の常襲地帯として知られた。一帯は旧磐井郡に属し、奥州藤原氏の中心地であった平泉もこの近くにある。

・**遠野市**　北上山地の山中の谷間にある小都市。柳田國男『遠野物語』に「山奥には珍しい繁華の地」と説明される通り、北上盆地と三陸沿岸部のとの中間地点、かつ南部藩領と仙台藩領の境界付近の谷間という地の利から発展した。現代では陸路の変遷で市などは大幅に衰えたものの、『遠野物語』に登場する数々の民話や妖怪を地元の特色として押し出している。

・**釜石市**　製鉄と漁業で栄えた町。製鉄は近隣にある橋野鉄山の鉱石を材料に、1858年に洋式高炉による生産が始まったことが知られる、日本近代製鉄における揺籃の地ともされる場所である。東日本大震災では、湾口防波堤がある程度機能したとはいえ深刻な被害を受けた。

・**宮古市**　南部藩が江戸時代初期に藩の主要港と位置付けて整備した港町に端を発する、閉伊地方では最大の人口を持つ都市。東廻り航路の主要港として栄える一方、内陸部との地形に由来する悪路は、飢饉が起きやすく流通が死活問題に容易になるこの地域では度々問題になっており、道路改良に尽力した牧庵鞭牛和尚は現代でも語り継がれている。なお、日本列島本州の中では最も東にあたる。

●主要な国宝

・**中尊寺金色堂**　南部の平泉にある、金箔をはった光り輝く姿が有名な小仏堂。1124年に奥州藤原氏の初代当主である藤原清衡によって建てられたと伝わっており、堂内には藤原氏四代のご遺体が安置されている。また、南海由来の螺鈿細工に象牙や宝石といった東北の外からの品々、極楽浄土の再現を目論んだとも伝わる阿弥陀如来など諸仏の配置など、東北地方全土を勢力圏においた当時の栄華を伝える。国宝には堂内の装飾品に加え、中尊寺が保有する平安時代末期の曼陀羅なども指定されている。

●県の木秘話

・キリ　全国で銘木として知られる桐だが、岩手県のそれは「南部の紫桐」と呼ばれるほどの木目の美しさで知られる。伝統的な製品としては、下駄やタンスに加工された。また、当然ながら桐の山地は県境をまたいで、青森県南部地方の三戸(さんのへ)まで広がっている。

・ナンブアカマツ　県の広範囲に広がる低山地帯に生い茂っており、特に久慈のものは種から自然に育つものも多いことで知られている。

●主な有名観光地

・平　泉　南部の磐井郡に平安時代後期に栄えた、奥州藤原氏の拠点である。初代清衡が建立した中尊寺、三代秀衡が完成させた毛越寺(もうつうじ)など多数の大寺院を配した都市は、往時は南北交易の拠点としてもにぎわったという。奥州藤原氏滅亡後も寺は鎌倉幕府の保護を受けるが、火災や戦乱の中で徐々に失われ、当時の建物は、金色堂以外にはほぼ残っていない。松尾芭蕉「奥の細道」の有名な句「夏草や兵どもが夢の跡」は18世紀後半、仙台藩の庇護によってある程度の保護は行われたとはいえ、平安時代の面影をもはやほぼとどめない様を詠んだものだという。

・浄土ヶ浜　宮古市の北側、三陸海岸にある、流紋岩の白い巨岩が屹立した浜辺。その白さと、上に生い茂るナンブアカマツの姿が仏教でいう浄土に例えられた。

・早池峰山　北上山地の中程にそびえる高峰で、『遠野物語』にもたびたび登場する名峰。山岳信仰の場として知られるが、特有の高山植物が地質のせいで多いことで知られている。

・龍泉洞　中北部、岩泉の山中に広がる広大な鍾乳洞。湧水量は全国屈指である。

・岩手山　南部富士とも呼ばれる北上地域を代表する名山。北の八幡平(はちまんたい)にかけては現在も火山活動が活発な一帯で、八幡平周辺には地熱発電所が多く立地している。

●文　化

・南部鉄器　独特の形状の鉄瓶が特に有名。ただし、その系統は二つあり、一つは奥州藤原氏が平安時代末期に京都から鋳物師(いものし)を招いたことで始まる

とされる水沢の鉄器。もう一つは江戸時代初期に、南部藩主が京都などから職人を招き藩の御用職人として保護したことで隆盛した盛岡の鉄器である。

・イーハトーブ　作家宮沢賢治が、自身の作品に度々登場させた言葉であり、岩手（旧仮名遣いだと「いはて」）を模してつけたものだと言われている。その言葉は現代において、岩手の様々な風景を呼びならわすイメージとしても用いられている。

・『遠野物語』　1910年、柳田國男が出版した遠野地方の伝承・民話集。「山奥には珍しい繁華の地」遠野周辺の山中に伝わる物語や、遠野の町へと集まる物語を、聞き書きの形式で物語った。現在において、遠野のもっとも大きな観光資源となっている。

・チャグチャグ馬コ　田植え少し後の6月初頭、蒼前神社（滝沢市）の祭りの日に農耕馬などを馬具で飾り立てて盛岡に行進したことに始まるという祭。今も100頭以上が盛岡まで行進する。南部地方にはこれ以外にも、「南部曲屋」と呼ばれる馬との暮らしを前提にした家屋のつくりなども存在する。

●食べ物

・雑　穀　ヒエやアワ、キビ、古代米などを中心として、岩手県では全国の6割を生産する。これは現在の主産地である北部の二戸郡一帯を中心に、そもそも稲作に向かない、夏が冷涼で山がちな地域が多かったこと、また特にヒエの稈が馬産地であった北部一帯では馬の飼料としても用いられていたことが大きい。

・じゃじゃ麺　盛岡市を中心に食される、白い太麺に肉みそを乗せて、好みの味付けをして食べる料理。もともとは第2次世界大戦後に、満洲（中国東北部）で食されていた炸醤麺を参考にして提供を始めたことが始まりとされる。なお、同じような経緯で広まったものに、同じ東北地方では、福島の円盤餃子がある。

・まめぶ　昆布だしで仕立てた醤油・塩系の汁に、野菜などの具とクルミを入れて甘く味付けした小さな団子を入れたもの。北部の久慈市周辺の郷土料理で、連続テレビ小説『あまちゃん』で有名になった。岩手県北部地方は先述の通りの冷涼な気候のため、そもそもは同じ南部藩領だった北隣の青森県南部地区ともども、小麦や雑穀（蕎麦含む）を使った伝統料理が

みられる。

・**牛**　岩手は肉用牛の生産がかなり多い県である。そのルーツとされるのは、内陸部と沿岸部の物流に使役されていた牛、および近代以降に中国地方から移入された牛である。また、日本最大規模の民間農場である小岩井農場は、岩手山のふもとに広がる原野を明治以降に開拓して営まれている。

●歴　史

●古　代

　北上川流域、南部の胆沢（いさわ）にある角塚古墳（500年頃と推定）が、現在本州で最も北端にある前方後円墳として知られている。そのことが示すように、岩手の県域は長らく本州島中央部の勢力と北部・エミシ系の文化が接触する前線に長らくあたっていた。県域には北上盆地の各地に7〜8世紀の古墳が分布しているが、その副葬品には日本最古の貨幣たる和同開珎（わどうかいちん）や固い金具といった本州島の南側から来たものや、北方系の産物がみられる。

　この東北地方北部に暮らしていた人々は近畿地方の朝廷からは「蝦夷」（エミシ）と呼ばれ、交易がおこなわれる一方、朝廷支配地域が徐々に北上していくにしたがい、衝突も度々発生した。その中でも特に有名なのは、平安時代初期の802年、現在の県南部から宮城県北部にかけて勢力を持っていた胆沢のエミシの首長アテルイを中心に広がった戦いだろう。この戦いは坂上田村麻呂が率いる朝廷軍によって鎮圧されたものの、蝦夷との戦いの負担は、平安京造営の中止と並んで民の負担として桓武天皇（かん　む　てんのう）に奏上されるほどの深刻さであった。実際、この後10世紀にかけて北上盆地北部〜中部の「奥六郡」（胆沢郡、江刺郡、和賀郡、紫波郡、稗貫郡、岩手郡）が確定するが、そこから北に日本列島中央部の勢力が広がるのはもっと後の話となる。

●中　世

　とはいえ、あくまで「日本列島中央部」のであって、物品や人の行き来は南北にあったし、地元の勢力はそこから北に向かい後の北海道・大陸北部にまで向かう交易ルートの勢力を握り続けた。このうち、11世紀中程に奥六郡一帯に勢力を持ったのが安倍氏である。安倍氏の鎮圧に始まる1036年からの戦いが「前九年の役」であり、安部氏はこれによって滅亡するが、

この結果、奥羽山脈の向こう側である秋田県内陸部、通称「仙北三郡」の一帯に勢力を持っていた清原氏が鎮守府将軍（陸奥国に設けられていた、奥六郡を中心とした辺境地域の統治・軍政を担う機関の長官）を受け継ぎ、さらに巨大な勢力が生まれる。さらに安倍氏の血を引き、清原氏の養子となっていた清原清衡が、一族の内紛「後三年の役」を制して姓を藤原に改め、その過程で閉伊地方・下北地方・津軽地方を含めた奥羽地域全域を勢力圏とする。すなわち、奥州藤原氏の勢力確立である。馬と金、北方交易の利に加え、朝廷官職である鎮守府将軍と押領使（令制国内の治安維持を担う官職）の権限を通じて国内の荘園・国衙領（国府に税を納める領地）を掌握した藤原清衡は、ちょうど外ヶ浜（津軽・奥州の北端）と白河の関（奥州の南端）との中間付近にある磐井郡平泉に館と寺院を造営。以降100年にわたり、独立勢力として繁栄する。この平泉に由来するのが、世界遺産でもある中尊寺金色堂である。

　しかし、奥州の南、関東地方の鎌倉に源頼朝が開いた幕府にとって、この背後を脅かす可能性のある勢力は捨て置けず、1189年に奥州合戦と呼ばれる戦いが勃発。同年のうちに平泉は制圧され、奥州藤原氏は滅亡する。岩手には新たに、関東・武藏の御家人であった葛西氏などが送り込まれた。なお、この時点では平泉は依然として一帯の中心として機能していたようである。

　室町時代に入っても、宮城県の多賀城に入った大崎氏が奥州探題として位置付けられたくらいで、主要な豪族の勢力に大幅な変動は少なかったが、16世紀から、糠部郡三戸（現在の青森県南部地方）に本拠を置いていた南部氏の勢力が徐々に拡大。遂に胆沢以北の大半を支配するようになる。一族内での内紛も多かったものの、なんとか戦国時代の末期に、豊臣秀吉に旧奥六郡・閉伊・糠部（二戸地方から青森県上北・下北両郡の一帯）を支配する大名として認められ、この領国の中央付近にあたる岩手郡不来方に新城の建設を開始した。これが、後の盛岡城と城下町の始まりとなる。

● 近　世

　こうして領域は広大に成立した南部藩ではあったが、内情は飢饉や一揆が頻発する藩であった。この地域を襲う季節風「ヤマセ」のために、もともと稲など作物の収穫が悪い土地のうえに、そのうえに米基準で税を付加した結果として重税が相次いだことによって、特に領内では穀倉といえ負

担が重くなった和賀・稗貫の両郡、およびそもそも田畑が少なく漁業と製鉄が中心だった沿岸地域の閉伊郡で頻発したのである。この間には現在の伝統工芸の発達なども見られるが、この飢饉多発という状況は、後期になればなるほど、頻発した冷害や、北方蝦夷地の警備に伴う藩の負担増加、さらに20万石への表高上昇に伴う格式と出費の上昇（加増はなかった）で悪化した。この末に、ついに1847年と1853年の2回、閉伊郡一帯で、同地方の幕府領化もしくは仙台藩への編入までも求めた一大一揆「三閉伊一揆（さんへいいっき）」が勃発する。そのような壊滅的財政の中、明治維新を迎えた。

● 近　代

　戊辰戦争（ぼしんせんそう）では奥羽越列藩同盟に参加するも、敗北。陸奥白石に減封のうえ移転となった。その後、盛岡に復帰しようとするものの、そこにその復帰のための新政府への献金も含めた、年来の財政難がのしかかる。かくして1870年、南部氏はこの財政難を理由に、他の諸大名に先駆けて異例の版籍奉還を行い、盛岡県が設置。1876年、旧伊達家領であった一関一帯を編入し、現在の県土が確定した。

　これ以降の岩手県は主に農業中心の県としての歴史を歩む。冷害のために牧畜なども多数試みられ、またそもそもの問題である冷害に強い稲の品種改良も盛んにおこなわれたものの、そもそもの低温という気候の制約は大きく、近代まで多数の出稼ぎなどが行われた。戦後の交通網の整備などで、内陸部の方の行き来は大幅に改善された一方、製鉄が衰退した釜石など沿岸地域の経済振興は徐々に課題となっていた。

　そのような中に、2011年の東日本大震災が襲ったのであった。三陸沿岸地方は明治・昭和など近代以降も大津波に襲われ、防潮堤などの整備が全国的に見ても行われていたのだが、それを乗り越えて襲った津波は、岩手県内で死者・行方不明者合計約6000人もの大災害となった。インフラ整備や都市の再建は進み、主産業の水産業の漁獲量も回復傾向にあるものの、いまだ傷跡は深い。

【参考文献】
・細井計ほか『秋田県の歴史』山川出版社、2009
・岩手県編纂『岩手県史』全12巻、杜陵印刷、1961-66

I

歴史の文化編

遺　跡

柳之御所跡（白磁四耳壺）

地域の特色　岩手県は、東北地方の太平洋側に位置する。東は太平洋に臨み、三陸海岸が広がる。南部はリアス海岸で北部は隆起海岸を呈し、様相が異なる。県の面積の8割は山地であり、内陸部の中央を南流する北上川を挟んで、西に奥羽山脈、東に北上高地が南北に縦走する。奥羽山脈は那須火山帯に属し多くの活火山を抱えており、最高峰は現在も火山活動が続く岩手山（標高2,038m）である。太平洋側と日本海側とを区分し、気候はもとより文化や歴史的な側面でも境界をなす。太平洋側の北上山地は古生層を主体とした1,000m級の隆起準平原の高地となり、最高峰の早池峰山は遠野物語にも登場し、霊峰として信仰対象とされてきた。この2つの山系の間を北上川が流れ、その流域には各時代の遺跡が集中しており、特に中流域の北上川右岸に発達した河岸段丘には多くの遺跡が発見されている。また、北上山地から北流し、八戸湾に注ぐ馬淵川流域にも、河岸段丘に沿って縄文時代から平安時代の遺跡が密に認められる。

　古代より一貫して陸奥国に属す。8世紀以降、朝廷による「蝦夷（東北地方に古くから集住した集団・言語や習俗など未解明な部分も多く、その系譜は諸説ある）」討伐が行われ、「俘囚（夷俘。服属した蝦夷）」の支配が進められていく。そうした東北経営の拠点としての城柵跡が県内にも認められる。11世紀末以降、「東夷の酋長」と呼ばれた奥州安倍氏や「出羽山北の俘囚主」と呼ばれた出羽清原氏の地位を継承した奥州藤原氏が平泉を中心に、自ら「東夷の遠酋」と称して奥6郡（胆沢・江刺・和賀・紫波・稗貫・岩手）と山北3郡（出羽国、山本・平鹿・雄勝）を支配した。1189年、源　頼朝の奥州征伐により在地勢力は一掃され、鎌倉武士団の御家人らが地頭となり、南北朝期には北畠顕家が陸奥守として多賀城に入り奥州支配を図る。武士が割拠した混乱状態が続き、その様相が城館跡として1,400カ所以上、県内には残されている。江戸時代には盛岡藩と仙台藩、

　凡例　**史**：国特別史跡・国史跡に指定されている遺跡

八戸藩、一関藩などの領域で区分された。明治維新以後、盛岡藩は1868年に盛岡県となり、以後紆余曲折を経て1873年に岩手県と改称。1877年に青森県二戸郡と宮城県気仙郡を編入し、現在の岩手県の範囲が確定した。

主な遺跡

金森遺跡（かなもりいせき）　＊一関市：金流川の中位段丘（花泉段丘）上、標高30〜50mに位置　**時代** 後期旧石器時代

　1929年、旱魃に対処するための池の掘削に際して、動物骨が出土したことに端を発し、1953年、曽根宏らにより調査が行われ、以後、松本彦七郎、直良信夫、加藤晋平らが調査を実施した。旧石器時代の金流川（北上川支流）は現在よりも高い位置を流れ、遺跡はその氾濫原にあたる。腐食泥炭層と砂質粘土層から大量の哺乳動物化石が出土したほか、骨角器が検出された。動物化石では、ハナイズミモリウシ、ナウマンゾウ、オオツノジカ、ヘラジカなど北方型のマンモス動物群と関係が深い。花粉分析から当時は亜寒帯・針葉樹林が広がる環境であったと推測され、現在のサハリン南部に近い気候であったと考えられる。また、火山灰の調査によって、AT（姶良火山灰）が検出され、花泉層が約3万5,000年前から1万6,000年前とされて、文化層の対比が明確になった。別名花泉遺跡。なお、大台野遺跡（西和賀町）は同時期の石器が出土した遺跡として著名である。

蛸ノ浦貝塚（たこのうらかいづか）　＊大船渡市：大船渡湾東岸の南北が開析された標高約40mの丘陵に位置　**時代** 縄文時代前・中期

　戦前より存在が知られ、1957年、西村正衛らの調査によって、住居跡・埋葬人骨などが確認された。岩手県内、三陸沿岸の貝塚では、最大級の規模で保存状態も良好な遺跡である。貝層は、東西約120m、南北約100mの範囲に、幅7〜40m、厚さ0.8〜2m程度で堆積し、ほぼ環状に回る。アサリを主体として25種類の貝類が確認でき、魚類、哺乳類の骨も認められ、イルカやクジラの骨が検出されている。遺物では、土器のほか打製石斧、石錘、石鏃などの石製品や骨角製品も認められ、オオカミの牙やサメの椎骨、鳥骨でつくられた垂飾品や釣針、鹿角製筬などが出土している。

西田遺跡（にしだいせき）　＊紫波郡紫波町：北上高地西縁、北上川で切られた残丘上、標高104mに位置　**時代** 縄文時代中期中葉

　東北新幹線建設工事に伴い、1975〜77年に県教育委員会が3次にわたり調査を実施した。残丘北部から墓坑や柱穴、住居跡、貯蔵穴状土坑、落し穴などが検出された。特筆されるのは、これらの遺構群が環状に配置さ

れている点で、集落の中心には約20〜30基ごとにまとまりをもった墓坑群が同心円状に並び、その外周に掘立柱建物の柱穴群、さらに外側には竪穴住居跡がめぐっていた。こうした計画的な集落構造の配置はほかの遺跡でも認められ、柳上遺跡（北上市）にも近似した構成が見られる。また掘立柱建物群は長方形もしくは六角形を呈し、建物の軸方向が中心を意識していることから、墓坑との関わりも想定されている。同様の遺構は1989年から農工団地造成に伴い調査が行われた御所野遺跡（一戸町：馬淵川右岸の段丘面、標高約200m付近に位置）でも認められ、中央の配石遺構および墓坑を中心として600軒近い竪穴住居跡が検出されたほか、大型の土屋根住居跡や六本柱の大型の掘立柱建物も認められるなど、西田遺跡とともに、独特の集落構成を示す遺跡として注目される。ほかに、大館町遺跡（盛岡市）、崎山貝塚（宮古市）、大日向II遺跡（軽米町）など拠点的な集落遺跡でも認められている。

萪内遺跡
*盛岡市：雫石川右岸、河岸段丘上、標高164〜168mに位置
時代 縄文時代後・晩期

　1976年からダム建設に伴い調査が実施され、現在は御所湖の底に沈んでいる。発掘面積は30万 m^2 に及び、竪穴住居跡、配石墓坑、貯蔵穴、旧河川道、木造遺構などが検出された。甕棺を伴う墓坑や火葬骨も認められており、興味深い。遺物では土器、石器や石錘、漆を塗布した木皿や櫛などの木製品が検出されている。特に大型土偶は著名で、仮面をつけた状態を示す頭部（重要文化財）、右耳、右脚部が出土した。当初は全身像で全長90cm程度あったものと考えられている。またトーテムポール状の木製品（残存長65cm）をはじめ多種多様な木製品や漆製品も出土している。加えて河川利用の実態として、クリ材を川底に打ち込んだ魞状遺構も認められ、水汲み場、洗い場と推定される遺構とともに、付近から当時の人々の足跡も検出されている。

大洞貝塚
*大船渡市：大船渡湾東岸の小高い丘の南北斜面に位置し、標高は20〜30m　**時代** 縄文時代後・晩期　史

　1925年に長谷部言人、山内清男らが発掘調査を実施した。北斜面西側の崖上をA地区、崖下をA'地区、北斜面東側をB地区とし、南斜面をC地区と区分している。東北地方の著名な土器型式である「大洞式」の標識遺跡であり、山内は「大洞B、B-C、C_1、C_2、A、A'」を設定している。一般には「亀ヶ岡式土器」と呼ばれるもので、大洞式には精製、半精製、粗製の土器がある。精製は三叉状の入組文や羊歯状文、雲形磨消縄文、

工字状文などで装飾されているが、粗製は縄文や条痕文（平行する数本の条線からなる文様。貝殻や細棒を用いる）が施され、深鉢や鉢が多い。

　土器以外の遺物では、多数の骨角製品や装飾具が認められ、燕形離頭銛や両鏃（あぐ、カエシ）型釣針などが検出されたほか、アサリを主体とした貝類、魚類や哺乳類の骨も多数出土した。また人骨も発見され、長谷部が大洞貝塚や細浦貝塚（大船渡市）の事例を基に「外聴道骨腫（外耳道に骨増殖を生じ、外耳道が狭くなるもの。海人の職業病とされる）」の人骨が多い点を指摘しており、三陸海岸における貝塚を知るうえで重要な遺跡である。史前学会、慶應義塾大学、早稲田大学なども調査を行っている。

九年橋遺跡（くねんばし）

＊北上市：旧和賀川流路で、和賀川左岸の自然堤防、標高59mに位置　**時代**　縄文時代晩期

　1973年より宅地造成に伴って、11回にわたり調査が行われた。土器型式より、晩期前半（大洞BC・C₁）と後半（大洞C₂・A）に形成されたと考えられる。住居跡や石囲炉のほか、配石や積石遺構も検出されている。また、遺物は土器が3,000点以上と膨大で、特に完形品が多数出土し、土偶や石製品、耳飾や玉類などの土製品、骨角製品も大量に検出された。石器を柄に取り付ける際などに使用するアスファルトは、長谷堂貝塚や上水沢Ⅱ遺跡などでも認められ、国内原産地が秋田県や新潟県に限定されることから、他地域との交流を示すものとして注目される。また、低湿地遺跡であるため、花粉分析では、ソバが検出された。

角塚古墳（つのづか）

＊奥州市（旧胆沢町）：胆沢川扇状地の水沢段丘上、標高75～80mに位置　**時代**　古墳時代（5世紀末～6世紀初）　**史**

　戦前、森口多里によって古墳と推定され、戦後工事に伴う土取りのため、一部を掘削した際に円筒埴輪の破片が検出され、古墳であることが認知された。東北地方北部で唯一の前方後円墳であり、最大・最古の古墳。1974年、75年に周濠の測量と調査が行われたが、主軸の全長は約45m、後円部径は28.3mを測る。後円部の比高差は4.3m、2段築成であり、葺石で覆われていた。形象埴輪の破片が多数検出され、水鳥やイノシシ、家屋などが見られる。5世紀末から6世紀初めに、胆沢地方にも古墳築造の技術が伝えられたことや権力基盤をもつ首長の存在を示すものとして貴重である。なお、この古墳には大蛇の角を納めたとする伝説があり、「角塚」あるいは「一本杉（墳丘頂上に一本の杉が立っていた）」とも呼ばれ、古老たちは、そこへ行くとヘビに祟られると言っていたという。そのため住民も近づかず、耕作などによる墳丘の破壊が比較的進まなかったようである。

江釣子古墳群

えづりこ

*北上市：和賀川右岸の標高約70m付近の河岸段丘上に点在　**時代** 古墳時代　**史**

　長沼、猫谷地、五条丸、八幡の4つの古墳群からなり、北上市和賀町から上江釣子まで約6kmにわたり、118の古墳（長沼13、猫谷地24、五条丸73、八幡8）が確認されている。江釣子付近の古墳は古くから「蝦夷塚」と呼ばれており、盛岡藩黒沢尻通代官、星川吉寛をはじめ、近世後期の史料には「蝦夷塚」発掘の記載が散見される。古墳は径10m前後から2〜3mの大きさを測り、高さはおおむね1m程度と小ぶりで、農耕などで消滅した古墳も多い。特徴は川原石を小口積みして横穴式石室を構築する点で、周溝をもつものや墳丘全体を川原石で覆う形態もある。遺物には、直刀のほか、蕨手刀もあり、轡、鉄鏃、鉄鍬などの鉄製品や金銅製腕輪、錫製腕輪、ヒスイやメノウの勾玉、水晶製の切子玉、ガラス玉なども検出されている。北上川中流域では、7世紀末から8世紀にかけてこうした川原石積みの群集墳が出現し、蝦夷の活動との関わりも想定されている。なお1982年には、長らく行方知れずであった吉寛の著した蝦夷塚発掘の記録原本と蕨手刀が、盛岡市内の酒屋の土蔵から発見されている。

胆沢城跡

いさわじょうあと

*奥州市：北上川西岸、合流する胆沢川を北限とし、標高45〜50mに位置　**時代** 平安時代　**史**

　1954年より板橋源らによって発掘が開始され、1974年以降は市教育委員会により断続的に調査が続けられている。これまでに築地と内外の溝が構築された外郭（方約675m）と外郭内中央の南3分の1寄りに構築された政庁（方約89m）の二重構造であったことや、政庁の周囲に存在した官衙地区の様相が明らかになってきている。政庁中央の正殿は正面5間、奥行2間の東西棟で瓦葺建物と想定されている。ほかに脇殿2棟が左右に配置されていた。胆沢城の変遷は3期に大別でき、9世紀後半以降に施設が充実する2期に画期が想定されている。

　遺物は土器類のほか、木簡が多数検出されており、蝦夷が貢進した白米の付札は当時の蝦夷の状況を示す資料といえる。また漆紙文書も認められ、「兵士歴名簿」や「兵士欠勤簿」など、兵士の実態を示す資料や釈奠の儀式で用いられる『古文孝経』の断簡も出土し、辺境支配のあり方を考えるうえで重要な資料が出土している。

　胆沢城は坂上田村麻呂によって造営された城柵で、802（延暦21）年に設置された。その翌年には、約60km北方にある志波城（盛岡市：雫石川右岸の沖積段丘上。1976年より東北縦貫自動車道建設に伴い調査が行

われる）が築かれた。外郭の築地は一辺840m、大溝が一辺930mの方形を呈し、場内には1,000棟を超える竪穴住居跡が検出された。また内郭は方約150mの築地で、正殿が正面6間、奥行3間の東西棟と、城柵として規模が大きい点が特徴である。ただし、たび重なる水害で廃止され、さらに徳丹城（矢巾町）が813（弘仁4）年頃に文屋綿麻呂によって築かれた。1956年以降調査されており、外郭の一辺は350m、北辺のみ築地で、後は内外に溝をもつ丸太列であったと推定される。また70mほどの間隔で櫓を配していた。内郭は一辺80mの柱列で、中央に正殿と思われる庇付きの建物と2棟の脇殿が存在した。こうした官衙的な機能をもつ諸城柵の存在は、平安時代の朝廷による東北経営の実態を示すものであり、貴重である。

柳之御所跡

＊西磐井郡平泉町：北上川西岸の河岸段丘上、標高20〜25mに位置　**時代** 平安時代後期から鎌倉時代前期　**史**

　昭和初期より存在が知られ、1969年からは20次にわたり調査が行われてきたが、バイパス・堤防工事に伴って、1988年より本格的な発掘調査が実施された。遺跡の範囲は、北西から南東にかけて細長く、最大長800m、最大幅200mに広がる。総面積は11万m^2に及び、そのうちの約4万m^2が調査されている。外郭を一部で二重となる堀によって囲み、堀の内外では遺構や遺物の様相には大きな違いがある。特に堀内部の中心部は大規模な塀で区画され、中に園池を伴う中心建物群が存在している。また、多数の棒状の板片や種子が出土した土坑の土壌分析を行った結果、多様な寄生虫卵が検出され、いわゆる「トイレ」遺構であることが判明している。ちなみに、板片は「チュウ木」と呼ばれ、用便時に現在のトイレットペーパーのような役割を果たすものとされる。これらの自然遺物を通して、当時の食生活が推測されている。

　豊富な遺物群としては、20トンに及ぶ「かわらけ」があり、手づくねの京都系のかわらけが9割を占めている。ほかに甕、壺、片口といった、常滑、渥美窯の東海産陶器や白磁四耳壺といった中国産陶磁器も認められる。また漆器椀や下駄、将棋の駒といった木製品や温石、石鍋などの石製品、金属製品など、飲食具・調理具はじめ多様な生活財が検出されている。興味深い遺物としては、和鏡や印章、轡なども見られるほか、形代や呪符といった祭祀的な遺物も認められる。また木簡や墨書土器も多数発見されており、特に折敷の底板に記された「人々給絹日記」と標題のある墨書は、宴に出席した人々への「引き出物」リストとして興味深い。

　柳之御所跡は、12世紀代の奥州藤原氏の居館跡であると考えられるが、

1.5 km 南西には浄土庭園の池や遣水遺構、伽藍跡が発見された「毛越寺庭園」が位置するほか、西には発掘調査によって、模した平等院鳳凰堂より規模が大きいことがわかった「無量光院跡」、東には浄土池と大・小阿弥陀堂を設け、極楽浄土を表現した庭園「観自在王院」などもあり、奥州藤原氏の栄華を理解するうえで貴重な遺跡群が点在している。これらの庭園や寺院の遺跡は、中尊寺金色堂などとともに、2011年世界文化遺産「平泉―仏国土（浄土）を表す建築・庭園および考古学的遺跡群―」の構成遺産として登録された。

山口館跡 (やまぐちだてあと)
*宮古市：黒森山から南に伸びた丘陵、標高 60 ～ 80m 付近に位置　**時代** 室町時代後期～戦国時代

　2003年より「宮古市北部環状線道路改良工事」に伴い、大規模な発掘調査を実施。新旧2時期の縄張が確認され、南北500m、東西400mの範囲にわたる大規模な館である。斜面東側には二重の堀が築かれ、尾根に竪穴住居跡、西斜面には工房跡や製炭遺構が確認された。工房跡からは、鍛造薄片や鉄滓などが検出され、鍛冶に伴う遺構であることをうかがわせる。奈良・平安時代の製鉄関連遺跡は宮古市や山田町付近に多いが、その理由としては原料である砂鉄が豊富であることがあげられよう。遺物としては、国内産の陶磁器や中国陶磁器、北宋銭を中心とした渡来銭も認められている。なお、1997年の調査では、平安時代（9世紀後半～10世紀前半）の竪穴住居跡から錫杖頭、三鈷鐃、鐘鈴などが出土した。黒森山が霊山として信仰を集めており、そうした修験者の活動の地でもあったようである。館の主については、資史料より、南部氏の家臣小笠原氏であったとも考えられるが、断定はできていない。

国宝／重要文化財

土偶頭部

地域の特性

　東北地方の北東部に位置し、面積は北海道に次いで2番目に広い。西側の奥羽山脈、東側の北上高地にはさまれて、南流する北上川流域に北上盆地があり、南北にのびる巨大な3条の地形からなる。奥羽山脈東麓では高い山が連なり、温泉が多い。北上高地にはなだらかな準平原が続き、畑作と畜産が盛んで、山間に集落が点在する。北上盆地は、広大な平地が広がる穀倉地帯で、人口密度も高く、政治経済の発達した地域である。

　古くは蝦夷の住む国とされていたが、平安時代に大和王権の坂上田村麻呂が侵攻した。1100年頃に藤原清衡が平泉に本拠をおいて、奥州藤原3代100年の黄金文化が花開いた。糠部郡（青森県東部から岩手県北部）の南部氏が戦国大名となり、1599年に盛岡に居城を築いて盛岡藩ができた。県南部は仙台藩の領有となった。盛岡藩、仙台藩と支藩の一関藩の三つの藩が明治維新の廃藩置県で統合され岩手県となった。

国宝／重要文化財の特色

　美術工芸品の国宝は7件、重要文化財は45件である。国宝はすべて平泉の中尊寺にあり、重要文化財も中尊寺のものが多く、ほとんどが平安時代から鎌倉時代に属している。古代東北の覇者だった藤原氏3代の栄華を誇っている。そのほかに縄文時代の遺跡から出土した考古資料があり、縄文人の暮らしを示している。建造物の国宝は1件、重要文化財は26件である。唯一の国宝は中尊寺金色堂で、重要文化財には江戸時代の農家が多い。県東部の遠野盆地は柳田國男の『遠野物語』で有名である。北上高地には畑作儀礼、狩猟儀礼、山間信仰、馬の祭礼、南部曲家の農家などが残り、民俗・伝説の宝庫である。

◎**土偶頭部**　　盛岡市の岩手県立博物館で所蔵・展示。縄文時代後期の考古資料。盛岡市萪内遺跡から出土した像高20 cm以上も

ある男性と思われる土偶の頭部で、ほかの土偶と比べて非常に大きい。本来は全身像であったと推定されている。丸顔で大きな鼻、強く張り出した眉は縄文人の顔の特徴を表現している。頭部と下顎周囲に円孔があり、頭飾りや髭が埋め込まれていた可能性がある。顔面を一段やや高くして、沈線で区画された杉綾状の沈線文様が描かれているため、あたかも逆三角形の仮面を装着したかのように見受けられる。しかし同じ遺跡から出土したほかの土偶にも同じ表現が認められるので、刺青や身体装飾とも考えられる。

　萪内遺跡は盛岡市を流れる雫石川流域の沖積世段丘に位置し、御所ダム建設に伴う発掘調査で1980年に発見された。縄文時代後期・晩期の住居跡45軒、配石墓坑約1,460基とともに、土器・土製品、石器・石製品、アスファルトなど大量の遺物が出土した。湿地からは水汲み・洗い場、魞と呼ばれる魚を誘導して捕獲する漁労施設が見つかり、また櫛、丸木弓、トーテムポール様木偶、漆塗り木製容器片などの木製品が多数出土した。大型の土偶頭部は墓坑群から出土し、副葬品というよりも供献品や儀式具と考えられている。また近くの墓坑から女性土偶が出土したことから、両性一対による葬送儀礼に関連した呪術的役割があったとされる。

◎聖観音立像

二戸市の天台寺の所蔵。平安時代中期の彫刻。天台寺の本尊で、観音堂（本堂）内の厨子に安置されていた。桂材で制作され、また参道の登り口に桂清水（桂泉）という湧水があることから、桂泉観音とも呼ばれている。像高116.5cmで、一木造。前面に横方向のノミの彫跡を意識的に残した鉈彫である。垂髻を結い、前立冠、天冠台を付ける。髪、眉、眼、唇、髭などに墨を施し、胸に卍を入れた宝珠形を朱書き、腰の条帛折返し部分に阿弥陀如来の種子（梵字）を墨書きしている。素木仕上げと鉈彫の技法から、素朴な魅力が感じられる。

　天台寺には平安時代の仏像が13体あり、そのうちの2体が重要文化財である。古代中世における天台寺の実態は不明な点が多いが、近世になって盛岡藩3代藩主南部重直と4代重信が天台寺を再興した。境内にある本堂と仁王門は、この頃に建立された。江戸時代に寺領は100石を超え、主要6坊をはじめ、多数の堂社が建ち並んでいた。明治維新の廃仏毀釈で寺は荒廃して多くの仏像が破壊され、聖観音立像と十一面観音立像は、檀家たちによってほかの寺へ運ばれ、かろうじて難を逃れたという。

●金字一切経

平泉町にある中尊寺・大長寿院の所蔵。平安時代後

期の典籍。一切経とは、仏陀の教説集である経蔵、教団の規則集である律蔵、注釈文献集である論蔵の三蔵を網羅した仏教聖典の総称で、全部で5,400巻近い経典からなっている。紺色に染めた紙に金色の文字で筆写された。仏教で七つの宝石と説かれる七宝の中に青色宝石の瑠璃や金・銀が含まれ、紺色や金色を使用して荘厳な経典が作成されたのである。大長寿院の一切経は奥州藤原氏3代秀衡が発願し、中国からわざわざ宋版一切経を取り寄せて、1176年頃に書写された。現在2,724巻が伝わっている。銀の界線を引いて金泥で経文が書かれ、表紙に法相華唐草文様、巻頭の見返しに釈迦説法図や経意を表す絵などが金銀泥で描かれている。華麗なだけでなく、平安時代の絵画としても貴重な資料である。

　華麗な一切経の書写事業は藤原氏初代清衡から始まった。清衡の作成した一切経は、紺紙に金字行と銀字行を交互に繰り返す金銀字一切経である。秀衡の金字一切経とともに、稀有な経巻として一般に中尊寺経と呼ばれている。1117年から8か年を費やして完成し、1126年に中尊寺建立供養の際、2階建の経蔵に奉納された。1598年に豊臣秀吉の命令でこの経巻が持ち出され、現在は和歌山県金剛峯寺に4,296巻、大阪府観心寺に166巻など分散して、中尊寺にはわずか15巻しか残っていない。

　大長寿院にあるほかの特異な経典として、金光明最勝王経金字宝塔曼荼羅図●があげられる。紺紙に金光明最勝王経の経文を金泥で1字1字書き連ねて、全体で九重塔を形づけている。塔が10重に見えるのは、初重に裳階をめぐらしているからである。塔の周囲にはさまざまな経意の絵が、金銀泥ではなく彩色で描かれ、金色の塔と対照的な美しさを見せている。1巻に1塔、全部で10巻ある。造塔・写経・経解説の3功徳業を兼ねるものとして制作された。

◎高野長英関係資料

奥州市の高野長英記念館で収蔵・展示。江戸時代後期の歴史資料。高野長英（1804〜50年）は1804年に奥州市水沢で生まれ、長崎でシーボルトの鳴滝塾に学んだ蘭学者だった。著述書類、文書、記録類、書状類、書跡類、肖像画の58点が重要文化財に指定されている。1828年のシーボルト事件の時にはいち早く身を隠し、1830年に江戸に戻って町医者となった。渡辺崋山と知り合い，蘭書を翻訳して崋山の西洋事情の研究を助けた。通商を求めて来航したアメリカ船モリソン号を砲撃した事件に対して、高野長英は幕府の対外政策を批判する『夢物語』を著し、1839年の蛮社の獄に連座して永牢

の判決を受けた。その後脱獄して潜伏しながら著述を続け、薬品で面相を変えて江戸で医業に従事したが、1850年に隠れ家を捕吏に襲われて、自死した。47歳だった。

◉中尊寺金色堂

平泉町の中尊寺にある。平安時代後期の寺院。金色堂は、阿弥陀如来を本尊とする極楽浄土を表した阿弥陀堂である。奥州藤原氏初代清衡の発願により1124年に建てられ、中尊寺創建当初の唯一の建造物である。方3間のシンプルな小堂で、宝形造の屋根に、珍しい木製の瓦が葺かれている。内外の壁すべてを黒漆で塗り、金箔を押す。内陣4本の巻柱上部には菩薩が各12体、合計48体描かれ、下部には夜光貝などによる螺鈿で宝相華唐草文様が飾られる。須弥壇には金色の孔雀がレリーフで描かれ、中央壇上には阿弥陀如来坐像と、観音・勢至の両菩薩立像、持国・増長の二天像、そして6体の地蔵菩薩立像が安置されている。中央壇の左右に後から増設された西北壇と西南壇にも、同じ構成の仏像群が安置された。六地蔵は、死後に地獄など6種類の悪苦の世界に堕ちた場合、悪苦世界から人間を救済して、阿弥陀の極楽浄土へと往生させられると信じられていた。須弥壇内には、藤原氏4代にわたる清衡、基衡、秀衡の棺、泰衡の首級が合祀されていた。平安時代の華麗な工芸技術ならびに奥州藤原氏の貴族文化を知る上で、貴重な資料となっている。

◎旧菊池家住宅

遠野市の伝承園にある。江戸時代後期の農家。寄棟造で、茅葺の曲屋である。曲屋とは、主屋の土間部分を突出させてL字型の棟をもつ民家である。市内小友町高木から移築されたもので、かつては遠野近郊に南部曲屋が多数分布していた。旧菊池家住宅は18世紀前半に建てられたと推定され、当初は曲りの部分がない直屋だった。その後、台所部分が拡張され、さらに馬屋が付け加えられて曲屋の形となった。構造的にも突出部と主屋とは独立し、馬屋を主屋内に取り込むために考案された比較的新しい民家形式とされている。斧や手斧で削った桂材を使い、窓などの開口部の少ない閉鎖的な古い造りを見せている。

☞ そのほかの主な国宝／重要文化財一覧

	時 代	種 別	名 称	保管・所有
1	縄 文	考古資料	◎土偶／盛岡市手代森遺跡出土	岩手県立博物館
2	縄 文	考古資料	◎蒔前遺跡出土品	岩手県立博物館
3	平 安	彫 刻	●金色堂堂内諸像及天蓋	中尊寺・金色院
4	平 安	彫 刻	◎木造毘沙門天立像	毘沙門堂
5	平 安	彫 刻	◎木造薬師如来坐像（本堂安置）	黒石寺
6	平 安	工芸品	◎金銅釈迦如来像御正躰	中尊寺・円乗院
7	平 安	工芸品	●螺鈿八角須弥壇	中尊寺・大長寿院
8	平 安	考古資料	◎平泉遺跡群（柳之御所遺跡）出土品	岩手県立博物館
9	鎌 倉	彫 刻	◎木造一字金輪坐像	中尊寺
10	鎌 倉	彫 刻	◎能面延命冠者	中尊寺
11	鎌 倉	工芸品	●孔雀文磬	中尊寺・地蔵院
12	南北朝	古文書	◎紙本墨書中尊寺建立供養願文（北畠顕家筆）	中尊寺・大長寿院
13	朝鮮／高麗	工芸品	◎銅鐘	もりおか歴史文化館
14	室町後期	寺 院	◎毘沙門堂	毘沙門堂
15	江戸前期	寺 院	◎天台寺	天台寺
16	江戸中期〜後期	寺 院	◎正法寺	正法寺
17	江戸中期	民 家	◎旧小原家住宅（花巻市東和町）	花巻市
18	江戸中期	民 家	◎旧菅野家住宅（旧所在 北上市口内町）	北上市
19	江戸後期	民 家	◎多聞院伊澤家住宅（北上市和賀町）	北上市 久那斗神社
20	江戸末期	民 家	◎千葉家住宅（遠野市綾織町）	遠野市
21	江戸末期	民 家	◎旧中村家住宅（旧所在 盛岡市南大通）	盛岡市
22	江戸末期	芸 能	◎白山神社能舞台	白山神社
23	明 治	学 校	◎岩手大学農学部（旧盛岡高等農林学校）	岩手大学
24	明 治	住 居	◎旧高橋家住宅	奥州市
25	明 治	商 業	◎旧第九十銀行本店本館	盛岡市

盛岡城石垣

城　郭

地域の特色

　岩手県は、陸奥国のうち明治元（1868）年太政官布告において分割された5国のうちでは陸中国に含まれる。古代では青森県とともに大和政権の蝦夷地経営の最前線で、その拠点として、徳丹城・志波城・胆沢城などが築かれた。蝦夷地の大騒乱は、前九年の役と後三年の役が知られるが、衣川・厨川（くりや）・鳥海（とりみ）・小松の各城柵を拠点とする安倍氏の乱である前九年の役が特筆される。

　奥州藤原氏は三代にわたり、古代末から中世初頭に平泉を拠点として独自の文化を形成。特筆される勢力を誇ったが、源頼朝により滅ぼされてしまう。鎌倉政権は、奥州総奉行に葛西氏をはじめ有力御家人を任じ、多賀城を中心に奥州の安定をはかった。

　南北朝争乱期には、北畠顕家が陸奥守となり南部氏ら在地勢力をまとめ上京するなどした。南部氏らは三戸城・根城を本拠とした。その後信直の代に前田利家を仲介に豊臣秀吉と通じ、南部七郡を秀吉から安堵されて、豊臣大名となった。信直の子利直は慶長3（1598）年盛岡城の築城を開始して移り、同5（1600）年の関ヶ原の戦いでは東軍に味方。所領10万石を安堵（あんど）された。盛岡城は東北では珍しい総石垣造りの丘城である。この総石垣の築城は寛永年間（1624〜44）になされた。天守に代わり御三階櫓が本丸にあがった。

　本丸は中津川と北上古川（現・北上川）に挟まれた丘陵先端にあり、城地の東、北、西三方に城下町が経営された。特筆されるのは、中津川に面する丘が城地であり、北の桝形御門に隣接して御船入が設けられ、河川による物資運搬が重視されていた点である。また、みごとな石垣は、近江坂本の穴太の石工たちを、近江出身の内堀頼武（内堀四郎兵衛）と宣政父子が三戸に来往する折に、故郷の近江から連れてきて、本格的な石垣を普請したことによるという。内堀氏は信直、利直、重直の南部氏三代に仕え、

盛岡城に本格的な石垣普請を施したのである。城の北側「北館丘」は石材の花崗岩を包含しており、これを削り切り石材とし石垣積みに用いたと伝承する。なお、南部氏は国替えもなく明治に至るまで盛岡城を居城とした。

主な城

盛岡城
別名 不来方城　**所在** 盛岡市内丸　**遺構** 石垣、土蔵
史跡 国指定史跡

　南部氏は代々三戸城（青森県三戸郡三戸町）にいて多くの分家を出した。三戸南部氏は総領としてよく一族を結束して戦国時代を迎えた。25代南部晴継は13歳で不慮の死（暗殺とされる）を遂げた。ここに総領家の相続争いが起こり、24代晴政の養子であった日子（南部）信直と一族の実力者九戸政実が対立した。

　この頃、上方では九州征伐を終えた豊臣秀吉が、関東・奥羽征伐を行う矢先であった。信直は北信愛を天正15（1587）年加賀国金沢に遣わし、前田利家の斡旋により無事本領安堵状を貰って帰国した。信直は反信直派の討伐に日夜をすごした。この頃から九戸政実の反抗は決定的となった。

　天正19（1591）年6月末、秀吉は九戸征討軍を編成し、三好（豊臣）秀次・徳川家康を6万の総大将として出陣させた。同年8月25日、九戸に到着し、陣場割をして、9月1日、戦闘は開始された。九戸籠城軍5千人は天下の軍勢を相手によく奮闘したが、9月4日落城、九戸政実の処刑をもって終末をとげた。

　津軽氏の独立により津軽を失った信直は新たに不来方の築城を決意、秀吉の認可を受けて、慶長2（1597）年工事を起こし、5年をかけて利直のときに完成したともいわれる。

　城は本丸、二の丸（中の丸）、三の丸、三の丸庭園などを花崗岩台地の上にのばせる。さらに石塁で囲み、城主の居館（御新丸）は台地の北麓においた。堀は北上川、中津川のみでほかには設けなかった。石塁は本丸などのほかには、城主居館、北上川岸の舟着場付近一帯、東門桝形（御台所門）のみで、外曲輪や遠曲輪は土塁であり、土塁の上には多く木の柵を用いている。

　完成された城は「盛りあがり栄える岡」との祈願をこめて盛岡と改称された。南部氏は10万石のち20万石で続き、13万石で明治維新を迎えた。

今でも城下には侍屋敷、蔵造りの商家などが残り、古い町の名残りをしのばせる。

花巻城 <small>はなまき</small>　（所在）花巻市城内

前身を鳥谷ヶ崎といい、戦国時代末期までは稗貫氏が城主であったが、秀吉の奥州仕置で追われ、天正19（1591）年には南部信直の領地になった。以後、明治維新まで南部藩（盛岡藩）の支城であった。城存亡の危機は慶長5（1600）年、関ヶ原の戦いに乗じて起こった。

伊達政宗の援助をうけた和賀忠親が南部領に侵入、城主の北信愛が城兵をさいて踏瀬城などに援軍を送ったすきに花巻城を急襲した。

九戸城 <small>くのへ</small>　（別名）福岡城、宮野城　（所在）二戸市福岡城ノ内　（遺構）石塁　（史跡）国指定史跡

九戸城が歴史上著名になったのは、秀吉の全国統一という大業がこの城の陥落で成就し、戦国時代がようやく終わったためである。

戦国時代、津軽北部から岩手郡まで領有していた南部氏は、永禄12（1569）年、鹿角奪回戦の功によって加増され九戸城主となったとされる九戸政実<small>まさざね</small>は、16氏のうち最大規模の領地を所有することになった。

その頃、南部本家の当主は隠居させられ、後を継いだ幼君も夭折したので相続問題が生じ、最大の実力者九戸政実と智将北信愛が会議で争ったが、結局後者が押し切って南部信直を26代目当主と決意した。

秀吉の小田原攻めの際にも信直は不安で動けず、北信愛が本領安堵状を貰ってきた。折しも、津軽の大浦氏が叛乱を起こして緒戦に勝利、信直は九戸政実に出陣を命じたが動かず、そこへ秀吉から小田原攻め参陣の呼びかけが到着、信直は小田原に参陣し、秀吉から領土安堵状を受け取る。国許では、信直の留守をねらってついに九戸政実が旗上げ、有力な味方を得て強大な勢となり、帰国した信直の手に余る情勢だった。信直は、長子彦九郎（27代利直）と北信愛を聚楽第に送って秀吉の援助を乞い、ここに、総大将豊臣秀次以下、蒲生氏郷、堀尾吉晴、浅野長政らを将とし、徳川家康まで付けた軍勢が編成され、さらに奥州からも小野寺義道、秋田実季、仁賀保勝利、津軽為信、松前慶広らが参戦して、九戸城攻撃の火ぶたが切られた。開城と同時に城内に火を放ち、攻城戦は終わる。天正19（1591）年のことである。

一関城 ^{いちのせき} 別名 高崎城 所在 一関市釣山

　天然の要害で、古代から東北地方の重要な地位を占め山城から平山城、平城と、時代とともに形式占地も変遷した。

　大同年間（806〜810）、初の征夷大将軍坂上田村麻呂がこの地を高崎城と命名して駐屯、達谷窟の悪路王と戦ったという。近くの二桜城とともに要地とされその後、前九年の役には、安倍頼時の三男磐井五郎家任が居城し、多賀国府と胆沢城との連絡路を制していたがやがて城を追われた。その頃、源頼義がこの二桜城から鶴が舞い立つのを見た後大勝利を得たので、舞鶴城と名づけたが、その後釣山に改称された。

　安倍、藤原両氏の後、鎌倉時代には葛西氏の所領で、城主は小野寺伊賀、藤原道照、興田左近などと替わったが、秀吉の奥州仕置後、伊達政宗の領地となった。

　城主は政宗の叔父・留守政景の没後、政宗の子兵部宗勝に替わり、宗勝が伊達騒動で土佐に流された後、釣山の城が維新に至った。

厨川柵 ^{くりやがわ} 所在 盛岡市安倍館町・天昌寺町

　柵は北上川西岸の崖上に築かれていたとされている。城主安倍貞任は、川と柵の間に空堀を設けて刀を植え、さらに地上には鉄屑などを撒いて敵を寄せつけず、ひるんだところを矢や石で攻撃し、柵の下まで近づくと熱湯を浴びせたという。しかし、寄せ手がさんざん手こずった末、民家を壊して空堀を埋めたため、落城したという。安倍貞任は13歳の長子千世童子とともに戦死したとされている。時に康平5（1062）年。後に頼朝の奥州征伐後、工藤小次郎行光が城主となり、鎌倉幕府滅亡後の工藤光家のとき、北朝について糠部の領主、南部信長に討たれた。

鳥海柵 ^{とのみ} 所在 胆沢郡金ヶ崎町西根字鳥海 史跡 国指定史跡

　安倍氏は代々俘囚の長で奥六郡の郡司だった。六郡内に26の館や柵を築いていたが、前九年の役開戦の翌天喜5（1057）年、総大将安倍頼良は鳥海柵で落命した。

　安倍氏の柵の特徴は、衣川柵が北上川と衣川の合流点にあるように、北上川とそこに注ぎ込む支流との合流点にあるので、その柵址は同町の旧永

岡村字鳥海が最有力地となろう。

水沢城　所在 水沢市表小路

　頼朝が平泉藤原氏を滅ぼした後、鎌倉期に陸奥の実権を握った葛西氏の持ち城であったが、この名族も天正18（1590）年、秀吉の小田原攻めの呼びかけに応じなかったため秀吉軍に攻められ改易された。

　その後は木村吉清が治め、水沢城には家臣松田太郎左衛門、岩谷堂には溝口外記を置いた。しかし、悪政のため、薄衣甲斐守以下1600騎の土民たちが一揆を起こし松田、溝口の両将を戦死させた。一揆はすぐ鎮められ、木村氏の領地は伊達政宗に与えられた。

　政宗は最初、水沢城主に桑折宗長を選んだが、やがて白石宗美、柴田外記、石母田宗頼と次々に代わり、寛永6（1629）年留守宗利になってようやく安定、留守氏は伊達氏を名乗り以後明治維新まで続いた。

戦国大名

岩手県の戦国史

　大永2年（1522）奥州探題が廃されて室町幕府管領斯波氏の一族である大崎氏の力が衰え、代わって伊達稙宗が陸奥国守護職となったことで陸奥は事実上の戦国時代に突入した。

　当時の陸奥国で最大の勢力を擁していたのが三戸南部氏であった。南部氏は鎌倉時代末期に陸奥国糠信郡（青森県）に下向したとされ、嫡流の三戸南部氏と庶流の八戸南部氏に分かれていた。三戸南部氏は三戸（青森県三戸町）を本拠に岩手県北部を支配、この他北部には、一戸氏、久慈氏などが勢力を持っていた。

　一方南部では大崎氏没落後も、斯波氏嫡流の末裔と伝える高水寺城（紫波町）の斯波御所家が力を持ち、この他には遠野の阿蘇沼氏、和賀郡の和賀氏などがいた。こうしたなか、石巻城（宮城県石巻市）の葛西氏が次第に北に勢力を拡大し、胆沢郡や磐井郡を支配下に組み入れていった。葛西氏は下総国の出で、清重が源頼朝の奥州攻めで功をあげて、陸奥に広大な所領を与えられていたもので、当時本拠を石巻に移していた。

　天正10年（1582）に南部信直が三戸南部氏の家督を継ぐと、斯波御所家を滅ぼして岩手郡・志和郡を手中にした。このとき阿蘇沼氏は南部氏に降る一方、和賀氏は南部氏と激しく対立した。

　こうした一方で、南部信直は早くから豊臣秀吉に接近し、奥州仕置では豊臣政権下の大名として認定されたが、葛西氏や和賀氏は小田原に参陣しなかったことから改易となり、九戸氏などの国衆は南部氏の家臣団に組み込まれることになった。

　その後、これを不満として同18年和賀氏、翌19年九戸氏などが相次いで一揆を起こして敗れ、滅亡している。

阿蘇沼氏（あそぬま）　下野国阿蘇郡の武士阿蘇沼氏の庶流。「阿曽沼」とも書く。藤原北家秀郷流で、足利有綱の子広綱が鎌倉幕府御家人となり、佐野荘阿蘇沼（栃木県佐野市）の地頭をつとめ阿蘇沼氏と称した。遠野阿蘇沼氏はその庶流で、文治5年（1189）広綱が源頼朝の奥州征討に功をあげて、陸奥国上閉伊郡遠野郷を与えられたのが祖。子親綱の頃に遠野に移住したとみられる。南北朝時代は北畠氏に従って南朝に属した。天正18年（1590）南部氏の家臣となったが、慶長5年（1600）広長のとき内訌によって没落した。

姉帯氏（あねたい）　陸奥国糠部郡の国衆。南部氏の庶流か。姉帯城（二戸郡一戸町姉帯）に拠り、九戸氏に属した。天正19年（1591）、蒲生氏郷率いる九戸氏討伐に際して、姉帯大学兼興は弟の兼信らとともに籠城、落城して自刃した。

一戸氏（いちのへ）　陸奥国糠部郡一戸（二戸郡一戸町）の国衆。南部光行の長男行朝は庶子のため家を継がず、一戸氏を称したのが祖というが、以後戦国時代まではっきりしない。天正9年（1581）一戸城主政連と弟で平館城主の政包は一戸城で九戸政実に謀殺された。その後、庶流の千徳氏が一戸氏を継いだが、同19年の九戸一揆の際に一戸図書は九戸政実に与したため、南部信直に攻められて落城した。庶流は極めて多く、江戸時代には南部藩士となったものも多い。

岩淵氏（いわぶち）　陸奥国磐井郡の国衆。名字の地は下総国猿島郡岩淵（茨城県、現在地不詳）という。桓武平氏で、葛西清親の四男清経が嘉元3年（1305）奥州に下向して藤沢城（一関市藤沢町）に拠ったのが祖とも、藤原北家秀郷流の下河辺氏の末裔ともいい、はっきりとしない。以後、磐井郡一帯に広がり、庶流に涌津岩淵氏、東山岩淵氏などがある。天正18年（1590）信時のとき豊臣秀吉の奥州仕置で没落した。

江刺氏（えさし）　陸奥国江刺郡の国衆。葛西信詮の二男信満が祖というが不詳。

代々岩谷堂城（奥州市江刺区）に拠り、江刺郡を支配した。天正末期、江刺重恒が豊臣秀吉に所領を没収され、没落した。江戸時代は南部藩士となった。

及川氏 <ruby>及川氏<rt>おいかわ</rt></ruby>　陸奥国磐井郡の国衆。磐井郡一帯に一族が広がり、葛西氏に属した。戦国時代には柏木城主の及川頼家、遅沢城主の及川義高、猿沢城主の及川信次（頼家の長男）、築館城主の及川清胤、天狗田城主の及川上総、中川城主の及川義照、川股城主の及川信次がいたが、永禄2年（1559）に柏木城主の頼家が千葉信近と争って失脚し、遅沢・猿沢・築館・天狗田・中川・川股の及川氏も連座した（柏木城事件）。

葛西氏 <ruby>葛西氏<rt>かさい</rt></ruby>　陸奥の戦国大名。桓武平氏豊島氏の一族で、豊島清光の三男清重が下総国葛西郡葛西御厨（東京都葛飾区・江戸川区付近）に住んで葛西氏を称したのが祖。治承4年（1180）の源頼朝の挙兵の際、清重は父豊島清光とともに従って奥州攻めで功をあげ、陸奥に広大な所領を与えられて奥州惣奉行に任ぜられた。鎌倉時代本家は下総に住んでいたが、4代清経の頃に奥州に移住したとみられ、南北朝時代は日和山城に拠って南朝の北畠顕家に従った。その子清貞は石巻城に拠り、以後奥州葛西氏が本家となった。室町時代には陸奥北部の有力大名となって多くの庶子家を輩出する一方、内訌を招いて伊達氏が介入。戦国時代には寺池城を本拠として、牡鹿・登米・本吉・磐井・胆沢・江刺・気仙の葛西7郡を支配した。しかし、天正18年（1590）豊臣秀吉の小田原攻めに参陣せず所領は没収、晴信は佐沼城に拠って秀吉に抵抗し、伊達政宗に討たれて滅亡した。

柏山氏 <ruby>柏山氏<rt>かしやま</rt></ruby>　陸奥国胆沢郡の国衆。桓武平氏千葉氏の一族とも、平重盛の末裔ともいうが出自は不詳。代々葛西氏に従い、大林城（胆沢郡金ヶ崎町）に拠った。南北朝時代には葛西氏家臣団のなかでは江刺氏と並ぶ重臣に発展、戦国時代の天文年間（1532～55）には柏山伊勢守明吉（明好）が活躍した。明吉没後、嫡子明国と二男明宗に後継者争いが起こり、結局明宗が継いだものの勢力は衰えた。その子明助のときに葛西氏とともに没落、江戸時代は南部藩士となった。

亀卦川氏
<ruby>亀<rt>き</rt></ruby><ruby>卦<rt>け</rt></ruby><ruby>川<rt>がわ</rt></ruby>　陸奥国磐井郡の国衆。名字の地は下総国千田荘亀卦川村（千葉県）で桓武平氏千葉氏の庶流という。のち陸奥に転じ、濁沼城に拠って葛西氏に仕えた。天文年間（1532～55）に内訌があり、終息後亀卦川信秀は新山城に拠った。天正19年（1591）伊達氏に滅ぼされた。

久慈氏
<ruby>久<rt>く</rt></ruby><ruby>慈<rt>じ</rt></ruby>　陸奥国久慈郡の国衆。南部氏の一族といわれるが、二階堂氏ともされる。久慈郡大川目（久慈市大川目町）の土豪久慈修理助には男子がなかったため、三戸南部氏の時政の第四子信実を養子に迎え、信実は文明年間（1469～87）に久慈に入部したという。孫の政継は出羽大曲の郡代となり、しばしば小野寺氏と戦うなど、戦国時代まで独立した領主であった。天正19年（1591）の九戸一揆では、久慈直治とその養子で九戸政実の実弟だった政則が九戸方に与したため、乱後処刑されて宗家は滅亡した。

葛巻氏
<ruby>葛<rt>くず</rt></ruby><ruby>巻<rt>まき</rt></ruby>　陸奥国糠部郡の国衆。藤原南家で工藤氏の一族。葛巻城（葛巻町）に拠って三戸南部氏に従った。戦国時代、政祐は九戸政実の娘を娶り、天正19年（1591）の九戸政実の乱では政実からの誘いを受けたものの拒否して南部氏方に属した。江戸時代は南部藩士となった。

九戸氏
<ruby>九<rt>く</rt></ruby><ruby>戸<rt>のへ</rt></ruby>　陸奥国糠部郡の戦国大名。南部光行の五男行連が祖とされるが、近年は久慈氏の一族という説が有力。室町時代には糠部郡を代表する豪族に成長し、室町時代末期、光政のときに九戸城（九戸郡九戸村）を築城した。戦国時代、政実は三戸南部氏と争っていたが、天正18年（1590）に南部氏が豊臣政権下の大名として認定されるとこれに従わず、翌年に四戸氏・七戸氏・久慈氏らと一揆を起こして敗れ滅亡した（九戸一揆）。

小梨氏
<ruby>小<rt>こ</rt></ruby><ruby>梨<rt>なし</rt></ruby>　陸奥国磐井郡の国衆。陸奥日和山（宮城県石巻市）城主葛西内膳春重の四男大学助清胤が小梨城（一関市千厩町小梨）に拠って小梨氏を称したのが祖。葛西氏の没落後は伊達氏に従い、江戸時代は仙台藩士となった。また、同地には南小梨城もあり、ここに拠った和野三河胤俊の子九郎信直も小梨氏を称した。葛西氏滅亡後は帰農した。

斯波氏
<ruby>斯<rt>し</rt></ruby><ruby>波<rt>ば</rt></ruby>　陸奥国紫波郡の高水寺城（紫波郡紫波町）城主。奥州探題となっ

た斯波家兼の兄高経の嫡男家長の子孫と伝え、斯波御所家と呼ばれて、大崎氏と同格という高い家格を誇ったという。天正16年（1588）南部信直に敗れて滅亡した。

千葉氏〔ちば〕　陸奥国磐井郡の国衆。桓武平氏。千葉常胤の七男頼胤が祖で、頼胤は母が葛西氏の出だったことから葛西領の一部を譲られ、建久2年（1191）奥州に降って長坂唐梅館（一関市東山町）に拠ったというが、他にも諸説ある。嫡流は長坂唐梅館の長坂千葉氏で、大原山吹城（一関市大東町）の大原千葉氏、薄衣城（一関市川崎町）の薄衣千葉氏など一族は磐井郡を中心に奥州一帯に広がり、やがて葛西氏の重臣となった。以後、戦国時代まで続いたが天正年間に没落。さらに天正19年（1591）の葛西一揆に与して滅亡した。

鳥畑氏〔とりはた〕　陸奥国磐井郡の国衆。桓武平氏で奥州千葉氏の庶流。永正12年（1515）松川城（一関市東山町松川）城主千葉氏一族の胤持が葛西氏近臣に取り立てられて鳥畑城（一関市東山町松川）に拠り、鳥畑氏を称したのが祖という。天正18年（1590）堅時が討死、弟の堅重は大原信茂のもとに逃れて帰農したという。

奈良坂氏〔ならさか〕　陸奥国磐井郡の国衆。桓武平氏葛西氏の一族で、建武年間（1334〜38）に磐井郡奈良坂郷（一関市花泉町）に住んで奈良坂氏を称したのが祖。代々葛西氏に仕え高森城に拠っていた。応仁2年（1468）葛西氏の命で平姓奈良坂氏は高森城を退去し、佐藤信綱の弟信貞が奈良坂家重の娘と結婚して高森城主となった。以後藤原姓奈良坂氏となる。葛西氏の没落後は伊達氏に仕え、江戸時代は仙台藩士となった。

南部氏〔なんぶ〕　陸奥の戦国大名。清和源氏。甲斐源氏加賀美遠光の三男光行が石橋山合戦で源頼朝に与して功をあげて甲斐国巨摩郡南部（山梨県南巨摩郡南部町南部）を賜り、南部氏を称したのが祖という。光行は頼朝の奥州入りでも功をあげ、陸奥国糠部郡の地頭となって平良ヶ崎城（南部町）を築城したというが詳細は不詳。広大な糠部郡に九戸四門制を敷いて各地に一族を分出、陸奥北部に大きな勢力を持つようになった。とくに嫡流の三

戸南部氏と八戸城に拠った八戸南部氏が大きな勢力を持っていた。南北朝時代は、八戸南部氏は南朝に、三戸南部氏は北朝に属し、室町時代には三戸南部氏が幕府との結びつきが強く、主導的な立場にあったとみられる。戦国時代、三戸南部氏の信直が南部氏を統一、天正10年（1582）に豊臣秀吉から南部七郡を安堵された。

浜田氏（はまだ）　陸奥国気仙郡の国衆。桓武平氏千葉氏の庶流。高田城（陸前高田市）に拠る。戦国時代、葛西氏一族の西館氏から浜田氏を継いだ基継は、葛西氏の威光を背景に勢力を広げ、浜田湾一帯を支配したが、永正元年（1504）には葛西氏の後ろ盾を失って大原信明に敗れている。その後は本吉氏や熊谷氏との抗争を続け、やがて葛西氏を離れて南部氏の家臣となった。

稗貫氏（ひえぬき）　陸奥国稗貫郡の国衆。伊達氏の庶流とも、横山党ともいい不詳。鎌倉時代陸奥国稗貫郡に下向し、鳥谷崎城（花巻城）に拠る。広忠は天正18年（1590）豊臣秀吉の小田原攻めに参陣しなかったため所領を没収された。子孫という、仙台藩士の稗貫家、万城目家、南部藩士の瀬川家の系図がまったく異なるため、系図関係はよくわからない。

八重畑氏（やえはた）　陸奥国稗貫郡の国衆。稗貫氏の一族か。八重畑館（花巻市石鳥谷町八重畑）に拠り、稗貫氏に属した。元亀2年（1571）の斯波氏と南部氏の境界紛争では、八重畑美濃守が調停役をつとめている。天正18年（1590）の豊臣秀吉の奥州仕置で稗貫氏とともに没落した。

和賀氏（わが）　陸奥国和賀郡の国衆。源頼朝が伊豆に流されたとき、伊東祐親の娘との間に生まれた春若丸が、建久8年（1197）和賀郡の領主となって和賀頼忠と名乗ったと伝えられるが、実際には清和源氏多田氏末裔の多田系和賀氏と、武蔵七党横山党の末裔である苅田系和賀氏の2系統があった。やがて両家は婚姻関係を結んで一体化し、南北朝時代頃に多田系和賀氏が苅田系和賀氏を吸収、以後は清和源氏となった。戦国時代には葛西氏や稗貫氏と結び、三戸南部氏と激しく争った。天正18年（1590）の奥州仕置では小田原城に参陣しなかったため改易。義忠は和賀一揆を起こしたものの、秀吉の派遣した大軍によって滅亡した。

名門／名家

◎中世の名族

葛西氏
（かさい）

陸奥の戦国大名。桓武平氏。豊島清光の三男清重が下総国葛西郡葛西御厨（東京都葛飾区・江戸川区付近）を領して葛西三郎と称したのが祖。1180（治承4）年の源頼朝の挙兵の際、清重は父豊島清光と共に従って奥州攻めで功をあげ、陸奥に広大な所領を与えられて奥州惣奉行に任ぜられた。清重はその後鎌倉に戻り、和田合戦などで幕府の重鎮として活躍している。

鎌倉時代、本家は下総に住んでいたが、4代清経の頃に奥州に移住したとみられる。元弘の乱の際に清宗（宗清）は幕府軍として上洛したが、後に後醍醐天皇方に転じ、南北朝時代は日和山城に拠って南朝の北畠顕家に従った。その子清貞は石巻城に拠り、以後奥州葛西氏が本家となった。

室町時代には陸奥北部の有力大名となって多くの庶子家を輩出する一方、内訌を招いて伊達氏が介入、宗清は伊達成宗の子といわれる。戦国時代には寺池城本拠として、牡鹿・登米・本吉・磐井・胆沢・江刺・気仙の葛西7郡を支配した。
（ないこう）

しかし、1590（天正18）年の豊臣秀吉の小田原攻めに参陣せず所領は没収、晴信は佐沼城に拠って秀吉に抵抗したが、伊達政宗によって討たれて滅亡した。

なお、中世には庶子家が乱立、さらに内訌もあったことから系図は混乱しており、各系図による異動が激しい。

◎近世以降の名家

太田家
（おおた）

磐井郡上奥玉村（一関市千厩町）の奥玉鋳物師。宝暦年中（1751

〜1764）に下野国佐野（栃木県佐野市）から太田七郎左衛門安政が来て鋳
物業を始めたのが祖で、天明鋳物師の系譜を引くという。陸奥国のみなら
ず、北関東から信越方面にまで販路が広がっていた。明治以降は上金屋と
号して鍋・鉄瓶類を製造した。

大槻家
おおつき

磐井郡山目村（一関市）の旧家。桓武平氏葛西氏の一族寺崎氏
の末裔。戦国時代は葛西氏に仕えて飯倉城に拠った。江戸時代、西磐井郡
山目村で帰農、本家は大肝煎を世襲し、分家は医家となった。共に多くの
学者を輩出したことで知られる。本家からは仙台藩儒大槻平泉、その甥西
磐が出た。

分家の玄梁は一関藩の藩医となり、その子玄沢は江戸で前野良沢に学ん
で蘭学の第一人者となって、1786（天明6）年江戸で仙台藩に仕えた。その
長男玄幹以下、磐渓・俊斎などを輩出。維新後も、漢学者如電、国語学者
文彦などが出ている。

金子家
かね こ

紫波郡日詰（紫波町）で美濃屋と号した豪商。初代七郎兵衛は
美濃国関の刀匠である関孫六の末裔と伝えることから美濃屋と号し、呉服
商として成功。3代目は金融業にも手を広げ、南部藩の御用金にもしばし
ば応じて名字帯刀を許された。4代目七郎兵衛保憲は勘定奉行に抜擢され、
藩命で武士としては金子、商人として関を名乗っている。1849（嘉永2）年
藩主が美濃守となったことから、美濃屋の屋号を幾久屋と改めた。

佐藤家
さ とう

盛岡城下（盛岡市）で徳田屋と号した豪商。初代清右衛門が寛
文年間に紫波郡徳田村（矢巾町）から盛岡城下に出て創業、「徳清」と呼ば
れた。当初は酒・味噌・醤油などの醸造業を行い、後に米穀商となって5
代保右衛門の時から盛岡藩の御用商人をつとめた。維新後、9代目清右衛
門の時に盛岡を代表する商家に発展、盛岡銀行初代頭取や貴族院議員もつ
とめた。11代目武夫は岩手大学教授をつとめた。

田村家
た むら

一関藩主。陸奥国田村郡（福島県）発祥。坂上田村麻呂の子孫
と称しているが藤原姓とみられる。1579（天正7）年清顕は娘愛姫を伊達政
宗と結婚させて、その後ろ盾を得た。85（同13）年清顕が急死すると家中

が伊達氏派と清顕正室の実家である相馬氏派に分裂、88（同16）年に政宗が相馬氏派を追放して清顕の甥の宗顕を当主とし、田村氏を統一すると同時に伊達氏一門として取り込んだ。しかし、90（同18）年豊臣秀吉の小田原攻めに遅参したため所領を没収されて滅亡。

1653（承応2）年仙台藩2代藩主伊達忠宗の三男宗良が、祖母陽徳院（愛姫）の遺言によって7000石で田村家を再興し、60（万治3）年陸奥岩沼3万石を分知されて仙台藩支藩として岩沼藩を立藩した。81（天和元）年建顕の時に一関に転封となる。1884（明治17）年子爵となる。

中村家
なかむら

盛岡城下新殻町（盛岡市）の豪商。1782（天明2）年に初代が宮守村から盛岡城下に出て創業した。糸屋と号して呉服・古着などを扱い、治兵衛と名乗ったことから「糸治」とも呼ばれた。南部藩の特産品である紫根染を一手に引き受けたことで大きく発展した。1861（文久元）年頃に建てられた同家住宅は、盛岡市中央公民館敷地内に移築され、国指定重要文化財となっている。

楢山家
ならやま

南部藩家老。藩主南部家の一門で代々家老をつとめた。家格は高知衆。南部政康の四男信房が祖で、後に三戸郡楢山村に住んで楢山氏を称した。幕末、楢山佐渡は22歳で南部藩家老となると、江戸時代最大級の三閉伊一揆を鎮圧。戊辰戦争では藩論を佐幕にまとめて奥羽越列藩同盟に参加、敗戦後斬首された。

南部家
なんぶ

盛岡藩主。戦国大名南部氏の子孫。戦国時代、三戸南部氏の信直が南部氏全体を統一、1582（天正10）年に豊臣秀吉から南部7郡を安堵された。98（慶長3）年には盛岡城を築城、関ヶ原合戦では東軍に属し、戦後南部藩10万石を立藩した。1627（寛永4）年には八戸南部氏を遠野に移して家臣団を完全に組み込み支配体制を強化した。1808（文化5）年の高直しでは20万石となった。84（明治17）年利恭の時に伯爵となる。

南部家
なんぶ

南部藩家老・遠野南部家。南部家初代光行の六男波木井実長の子孫。1334（建武元）年師行の時に陸奥国糠部郡に下向、根城（八戸市）を築城して八戸南部氏または根城南部氏といわれた。室町時代には岩手郡や

閉伊郡、出羽国仙北郡にまで勢力を広げ、天文年間には津軽郡にも進出した。

1590（天正18）年の豊臣秀吉の奥州仕置を機に正式に三戸南部氏の支配下に入った。1627（寛永4）年直義の時に八戸から遠野に転じ、以後遠野城主として1万2000石余を知行、南部藩の重臣となった。1897（明治30）年行義の時に男爵となる。

前川家
<ruby>前川<rt>まえかわ</rt></ruby>

閉伊郡<ruby>吉里吉里<rt>きりきり</rt></ruby>（大槌町）の豪商。戦国時代は清水氏を称して北条氏の家臣だったという。北条氏の滅亡後、初代甚右衛門は陸奥国気仙浦を経て吉里吉里に移り住み、常陸国那珂湊の白子家と貿易を行った。その後は盛岡藩の御用商人として海産物や米・大豆を江戸に積み出す一方、尾去沢銅山の発掘請負人になるなど、多角経営で富を蓄積した。

村井家
<ruby>村井<rt>むらい</rt></ruby>

盛岡城下（盛岡市）の豪商。初代茂右衛門は油商人だったが、2代茂兵衛が一代で財を成し、南部藩の勘定奉行にも抜擢された。明治維新後、4代茂兵衛は南部藩の70万両の借金の肩代わりをさせられ、新政府によって尾去沢銅山の放出を余儀なくされ、没落した。

村上家
<ruby>村上<rt>むらかみ</rt></ruby>

遠野で近江屋と号した豪商。1587（天正15）年葛西晴信が伊達政宗に敗れた際に、その家臣村上愛光が帰農したのが祖という。4代金十郎が遠野で茶商を始めて成功し。5代盈宣の時に近江屋を称して質屋を兼ね、さらに酒造業も営んだ。一族は士分となり、遠野南部家の側用人などをつとめている。

留守家
<ruby>留守<rt>るす</rt></ruby>

仙台藩主伊達家一門。藤原北家。1190（文治6）年伊沢家景が源頼朝から陸奥国留守職に任ぜられて留守氏を称し、代々多賀国府に住んで陸奥を支配した。室町時代前期までは大崎氏の影響下にあったが、やがて伊達氏の伸長に伴ってその勢力下に入った。

1567（永禄10）年伊達晴宗の三男政景が留守氏を継ぐと、伊達氏の重臣としての地位を固めた。90（天正18）年の奥州仕置で留守氏としての独立性を失い、正式に伊達氏の家臣とされた。江戸時代は一門に列して伊達氏を名乗り、1629（寛永6）年宗利の時に水沢1万6000石に移って水沢伊達氏と称した。明治維新後に留守氏に復している。

博物館

岩手県立博物館
〈イヌワシの山ジオラマ〉

地域の特色

　面積は1万5,275平方キロメートルで全国第2位。内陸部の大部分は山岳丘陵地帯で、この間を北上川が南に流れ、流域に平野が広がっている。沿岸部は、宮古市の北は隆起海岸で南はリアス式海岸。その沖は世界有数の漁場である。縄文時代から人が住み、この時代の御所野遺跡は世界遺産「北海道・北東北の縄文遺跡群」の一つ。奈良時代に先住民蝦夷が敗れ朝廷の支配下に置かれた。平安時代後期に平泉を拠点に藤原氏の独立的な政権が確立した。当時の建物、庭園、遺跡などは浄土を表すとして世界遺産に登録されている。藤原氏は源頼朝によって滅ぼされた。近世では北は南部氏の盛岡藩領、南は伊達氏の仙台藩領で、後に八戸藩、一関藩が独立し四つの藩になる。幕末、南部藩士・大島高任は、洋式高炉をつくり銑鉄を製造した。日本で初めてのことで、世界遺産明治日本の産業革命遺産の一つになっている。

　地域の特色を反映した多彩な博物館があり、連携組織の岩手県博物館等連絡協議会（事務局：岩手県立博物館）もある。2011（平成23）年3月11日の東日本大震災津波は、1896（明治29）年、1933（昭和8）年の三陸地震津波、60（昭和35）年のチリ地震津波を凌ぐ大きなもので、沿岸地域は津波で大きく被災した。沿岸部の博物館も直接津波に襲われスタッフや展示・収蔵資料に被害が出た。県内の他の博物館も地震で被災したが、全国の博物館などと連携して沿岸部の博物館への文化財レスキュー活動を行った。

主な博物館

岩手県立博物館　盛岡市上田

　県の中核的総合博物館。県制百年を記念して設置された。文化財科学の専門部門をもつ学芸員の体制で、2011（平成23）年3月11日の東日本大震

災津波では沿岸部の博物館などの被災資料のレスキューと修復の拠点となり、今も活動をしている。常設展示は「総合展示」と「いわて文化史展示室」「いわて自然史展示室」で構成されている。「総合展示」は時代を追って展開し「県土の誕生［地質分野］」、「いわての夜明け［考古分野］」、「いわての歩み［歴史分野］」、「庶民のくらし［民俗分野］」、「いわての今［生物分野］」という流れになっている。二層吹き抜けのダイナミックなジオラマ「イヌワシの山」が見ものである。「いわて文化史展示室」は考古、歴史、民俗の三部門で、「いわて自然史展示室」は10テーマで展示している。この他、「映像室」「体験学習室」「特別展示室」がある。屋外には、「植物園」「岩石園」と国の重要文化財である曲り屋と直屋の二つの民家ある。

陸前高田市立博物館　陸前高田市高田町

　陸前高田の自然、歴史、文化、震災と復興を伝え、学ぶ博物館。展望デッキもある。東日本大震災津波で壊滅的に被災した旧「市立博物館」と「海と貝のミュージアム」を基に新中心市街地に2022（令和4）年秋に開館。1986（昭和61）年開館の旧市立博物館は公立博物館では東北初の登録博物館だったが、2011（平成23）年3月の地震と津波で館内はすべて水没し、職員が犠牲になった。展示室内の資料の半数以上が流失、収蔵庫内の資料も水損し一部資料は流失するという状況であった。一方、「海と貝のミュージアム」も館内は全て水没し臨時職員が犠牲になり、展示室、収蔵庫内の資料も半数以上が流失した。両博物館の流失を免れた資料も津波で塩分を含む泥が付着するなど破損していたので、岩手県立博物館、国立科学博物館をはじめとする全国の博物館、大学の研究室などが協力してクリーニングや修復などを進めた。修復された標本や文化財は新博物館に戻され、展示や調査研究などに活用されている。作業を見学できるコーナーもある。

遠野市立博物館　遠野市東舘町

　民俗専門の博物館で1980（昭和55）年に開館。柳田國男の「遠野物語」発刊100周年の2010（平成22）年に全面リニューアルを行った。第1展示室「遠野物語の世界」は遠野の世界に浸る展示で、マルチスクリーンシアターや『遠野物語』から遠野の歴史を読み解く展示がある。第2展示室「遠野人・風土・文化」は「町」「里」「山」という三つの暮らしの領域について、

一年の暮らしのジオラマなどにより紹介している。第3展示室は特別展・企画展のスペースで開催時以外は「『遠野物語』と現在」を展示している。

東日本大震災津波では津波の被害がなかったこともあり、沿岸部の大槌町などの文化施設の被災資料を避難させ修復する活動などの拠点として活動した。同じ建物内に「遠野文化研究センター」、民俗学・民話に関する図書を豊富に揃えた「市立図書館」がある。建物外にも関連施設として「とおの物語の館」「遠野城下町資料館」「遠野まちなかギャラリー」「遠野ふるさと村自然資料館」などがある。

岩手県立水産科学館　宮古市日立浜町

水産専門の科学館。三陸復興国立公園・三陸ジオパークの中心の景勝地、浄土ヶ浜にある。常設展示には「いわての海」「漁業とくらし」「躍進するいわての水産」のコーナーがあり、ワカメ・サケなどの増養殖や昔と現在の漁法と漁具を紹介している。展示室中央には巨大なジオラマがあり、三陸域に生息している魚介類とその生息環境を知ることができる。エントランスホールにはさまざまな水槽があり地元の魚類などが飼育されている。

釜石市立鉄の歴史館　釜石市大平町

盛岡藩士の大島高任は日本初の洋式高炉による出銑に成功した。その後、鉄の生産は拡大し、明治に入ると初の官営製鉄所が釜石に置かれ鉄の町として発展していく。原寸大の洋式高炉復元を中心とするシアターやさまざまな資料で、鉄の歴史や鉄の役割を紹介する施設である。なお、市内にある当時の高炉跡は国の史跡になっている。また、世界遺産「明治日本の産業革命遺産　製鉄・製鋼、造船、石炭産業」の構成資産でもある。

大船渡市立博物館　大船渡市末崎町

気仙地方の自然と文化の博物館。常設展示のテーマは「大船渡　その海と大地」で、全体テーマを紹介するシアター、「大船渡　大地を育んだ海」がテーマの地質展示室、「海に幸を求めて　海をめざした10,000年」がテーマの考古・民俗展示室、子どもたちが博物館のなかで楽しく遊べる「たいけんコーナー」と企画展示・特別陳列室がある。1955（昭和30）年市立科学博物館として発足し、「大船渡市立博物館」として63（昭和38）年に新規

開館した。

野村胡堂・あらえびす記念館　紫波郡紫波町彦部

　『銭形平次捕物控』の作家野村胡堂（本名野村長一　1882（明治15）年大巻村（現紫波町）生）は、レコード音楽評論家「あらえびす」としても活躍した。「野村胡堂」「あらえびす」の著書をはじめ、数多く蒐集されたレコード、書籍、書画などを長く保存し、文学・音楽などの振興に資するため、1995（平成7）年に開館。1階と2階に展示室がある。あらえびすホールがあり、蒐集したSPレコードを蓄音機で鑑賞するコンサートなどを行っている。

宮沢賢治記念館　花巻市矢沢

　旧里川口村（現花巻市）生まれの宮沢賢治は詩人、童話作家、教師、科学者、宗教家など多彩な顔をもち、また羅須地人協会を設立して農業指導にも努めた。常設展示は「宮沢賢治の心象世界」「宮沢賢治の作品世界」「宮沢賢治のフィールド」の三つのコーナーがあり、他に特別展示室、展望ラウンジ、賢治サロンもある。記念館周辺には、イーハトーブ館や花巻市博物館、花巻新渡戸記念館、宮沢賢治童話村などの施設が点在している。

東日本大震災津波伝承館（いわてTSUNAMIメモリアル）

陸前高田市気仙町　高田松原津波復興祈念公園内

　東日本大震災津波の祈念公園のガイダンス的施設。展示テーマは「いのちを守り、海と大地と共に生きる」。「歴史をひも解く」「事実を知る」「教訓を学ぶ」「復興をともに進める」の4ゾーンに津波のメカニズムの装置、災害対策室の移設・再現、変形した橋梁や大破した消防車両が展示されている。祈念公園には「旧道の駅タピック45」「旧気仙中校舎」などの震災遺構や復元した「奇跡の一本松」、海に臨む追悼・祈念施設がある。

岩手県立平泉世界遺産ガイダンスセンター　西磐井郡平泉町平泉

　平安末期に奥州藤原氏は平泉を拠点として東北地方に君臨したが、やがて源頼朝に滅ぼされてしまう。これに関わる遺跡群があり、そのうち中尊寺・毛越寺・観自在王院跡・無量光院跡・金鶏山の5件が「平泉─仏

国土（浄土）を表す建築・庭園及び考古学的遺跡群―」の名で世界遺産に登録されている。史跡を訪れる前のガイダンス施設で、浄土の世界観の体感映像やジオラマ、出土した遺物（重文）などで総合的にこの遺跡群を紹介している。

久慈地下水族科学館もぐらんぴあ　久慈市侍浜町

地下の「もぐらんぴあ水族館」「石油文化ホール」と、地上の「石油シアター・展示室」「防災展示室あーすぴあ」「企画展示室（さかなクンコーナー）」「産地直売施設」、屋上展望台で構成された施設。国家石油備蓄基地の作業坑を活用した施設として開館した。水族館ではヘルメット式潜水器による「南部もぐり」と「北限の海女」実演を実施している。2011（平成23）年3月の東日本大震災の津波により壊滅したが、その後再建した。

牛の博物館　奥州市前沢

「牛と人との共生を探り生命・自然・人間を知る」が基本理念。常設展は3コーナーで構成。「ウシの生物学」コーナーには牛の進化、野生種、胃袋の構造、人工増殖技術などを、「牛と人とのかかわり」コーナーには長床犂による耕起の再現、世界の犂、牛と信仰など、「牛の里前沢」コーナーには前沢牛剝製、繁殖農家牛舎模型、映像ミニシアター「牛と人間の絆を求めて」などの展示がある。黒毛和種の前沢牛で有名な地域。

石川啄木記念館　盛岡市渋民

歌集『一握の砂』などで有名な、渋民村で育った歌人石川啄木の記念館。直筆書簡、ノート、日誌、写真パネル、映像などを展示している。敷地内には代用教員を務めた旧渋民尋常高等小学校や、一家が間借りした茅葺の旧齊藤家が移築されている。旧小学校の校舎を利用して入門講座が行われている。

盛岡市動物公園　ZOOMO　盛岡市新庄

標高343メートルの岩山に伸びた丘陵地にある。展示動物は101種。日本生態園を設け、ツキノワグマやニホンザルなどの日本固有種の展示に力を入れている。「人と動物と自然が、共生する動物公園～人と動物が参加

する、新しい福祉の形〜」をテーマに改革が進んでいる。

鯨と海の科学館　下閉伊郡山田町船越

　クジラを通じて三陸の豊かな海と捕鯨について知ることができる自然科学博物館。1992（平成4）年に開館したが、東日本大震災で被災し、2017（平成29）年に再オープンした。スロープを降りながら、海中を深く深くへと散歩するイメージで展示が展開する。マッコウクジラの骨格や実物大模型がある。山田町は商業捕鯨禁止の1987（昭和62）年まで捕鯨基地だった。

田中舘愛橘記念科学館　二戸市石切所

　田中舘愛橘博士は二戸出身の世界的物理学者。博士の遺品の展示や霧箱・オーロラ発生装置など体験型科学展示、サイエンスショー、実験工作を楽しめる自由工房がある。二戸市シビックセンターの3階にあり、2階には二戸ゆかりの世界的デザイナー久慈琥珀博物館の「福田繁雄デザイン館」もある。

久慈琥珀博物館　久慈市小久慈町

　国内唯一の琥珀専門博物館。琥珀は樹木の樹脂が化石化したもので久慈地方は古くから採掘の行われた国内最大の産地。展示は原石・虫入り琥珀・工芸品など多くの資料で久慈と世界の琥珀を総合的に紹介。屋外には見学用坑道跡もある。琥珀や化石の採掘体験のプログラムも実施している。

日本現代詩歌文学館　北上市本石町

　明治以降の詩・短歌・俳句・川柳などを全国規模で収集・保存・研究をしている日本唯一の詩歌専門の文学館。詩歌専門の文学館が欲しいという声が、東京周辺の詩歌人や出版関係者の間であがり、市制30周年を迎えようとしていた北上市が受け入れ開館。展示は毎年テーマを決めて公開する常設展示と特別企画展示、井上靖記念室がある。また、文学館に隣接する詩歌の森公園では俳人山口青邨の東京の自宅を移築し公開している。

名 字

◆地域の特徴

岩手県では、佐藤、佐々木、高橋の3つの名字が飛び抜けて多い。この3つはいずれも県内に広く分布しており、県内にある35市町村のうち、佐藤が5カ所、佐々木が12カ所、高橋が8カ所と、合わせて25の市町村でこの3つのうちのどれかが最多となっている。

佐藤は最多となっている市町村こそ5つしかないが、奥州市と一関市に著しく集中しており、総数では最も多い。なお、各名字の分布には偏りがあり、佐藤は県南部、佐々木は東部、高橋は西部に多い。

佐々木のルーツは、滋賀県にあった佐々木荘（近江八幡市）という地名で、ここに住んだ宇多天皇の末裔が佐々木氏を称したのが祖である。源平合戦の際に一族をあげて源頼朝に従ったことから、鎌倉時代にその勢力を広げた。現在では東北地方に多く、とくに岩手県では2番目の名字とはいいながら、人口比では5％近い高い比率となっている。4位の千葉は現在の千葉市がルーツ。桓武平氏でやはり源頼朝に仕えて東北に転じた。県内では南

名字ランキング（上位40位）

1	佐藤	11	吉田	21	工藤	31	田中
2	佐々木	12	小野寺	22	斎藤	32	岩渕
3	高橋	13	熊谷	23	畠山	33	加藤
4	千葉	14	中村	24	遠藤	34	山崎
5	菊池	15	藤原	25	菅野	35	八重樫
6	菅原	16	三浦	26	渡辺	36	山本
7	伊藤	17	菊地	27	小笠原	37	照井
8	阿部	18	村上	28	石川	38	小林
9	及川	19	小原	29	田村	39	後藤
10	鈴木	20	千田	30	川村	40	木村

部に多く藤沢町と平泉町で最多となっているほか、葛巻町でも最多である。

　5位菊池のルーツは熊本県菊池市。南北朝時代に九州で南朝の雄として活躍した菊池一族が東北に転じたもので、本来の菊池のままの一族と、漢字を菊地に変えた一族がある。岩手県と青森県では菊池が多く、秋田県・山形県・宮城県・福島県の4県と北海道では菊地の方が多い。県内では遠野市で圧倒的な最多となっている。

　なお、県順位で6位以下にもかかわらず市町村単位で最多となっているのは、陸前高田市の菅野、一戸町の中村、軽米町の工藤、九戸村の山本、野田村の小野寺、普代村の太田の6つだけである。

　6位以下は少し離れて、菅原、伊藤、阿部、及川、鈴木と続く。このなかでは9位の及川が独特。及川は岩手南部から宮城北部にかけて集中している名字で、この2県だけで、全国の及川さんの約半分が集中している。しかし、ルーツはここにはなく、兵庫県の日本海側。結城氏に従って陸奥南部に移り、さらに北上して桃生町で伊達氏に従ったことで大きく繁栄した。

　11位以下では、19位小原、20位千田、32位岩渕、35位八重樫などが独特。

　小原は「おは（ば）ら」と「こは（ば）ら」の2つの読み方があるが、岩手県ではほぼすべて「おはら（おばら）」。千田も西日本では「せんだ」が主流だが、岩手県では99％以上が「ちだ」と読む。「いわぶち」も、他県では岩渕と岩淵が半々に分かれるが、岩手県では9割以上が岩渕と書くなど、漢字や読みでのぶれが少ないのも特徴の一つだ。

　もちろん、読み方の分かれる名字もある。その代表が金野。この名字は県内では「こんの」が4分の3で、「きんの」が4分の1。両方合わせるとベスト50にも入るのだが、読みで分けているため、「こんの」が60位、「きんの」は99位となる。「きんの」は大船渡市と陸前高田市に集中している。

　41位以下では、47位小田島、64位新沼、72位沢口、89位昆、91位岩間、94位昆野などが岩手独特の名字。また、56位浅沼、59位瀬川は他県にもかなりあることから岩手県独特ではないが、岩手県らしい名字といえる。

　これらのうち、八重樫、新沼、昆は全国の半分以上が岩手県在住。新沼は県内の85％が大船渡市と陸前高田市に集中している。

　101位以下では、古舘、晴山、久慈、小向、谷藤、古館、谷地、玉山、沢里、田鎖、角掛、箱石なども独特。角掛は全国の約8割が岩手県にあり、

そのほとんどが盛岡市と滝沢市に集中している。

　三陸北部では「ら」行で始まる名字が多いのも特徴。久慈市の雷、乱場、類家、類瀬、洋野町の林郷、野田村の林崎、宮古市の雷久保などがある。それほど多いというわけではないが、他地域ではほとんどみかけないだけに目立っている。

● 安倍氏と奥州藤原氏

　平安時代初期に坂上田村麻呂が陸奥国に胆沢城（奥州市）を築いたのち、奥州には、岩手・志和・稗抜（稗貫）・和賀・江刺・伊沢（胆沢）の6つの郡ができた。これを奥六郡といい、当時の朝廷の支配権が及ばない一種のフロンティアであった。この奥六郡を根拠に東北地方で最初に実力を持った一族が安倍氏である。安倍氏のルーツは不明だが、もともとは鎮守府に勤める在庁官人（現地採用の下級官僚）だったと思われる。ところが、安倍頼良（のち頼時と改名）は奥六郡の南限であった衣川を越えて、国衙領の磐井郡にまでその勢力を伸ばそうとした。そこで、朝廷は源頼義に安倍氏制圧を命じ、頼義は秋田にいた豪族・清原武則を味方につけて安倍貞任を降した。これが前九年の役である。

　安倍氏の子孫はその後、名字を変えて東北各地に土着したといわれる。秋田の戦国大名秋田氏も、安倍貞任の子高星の子孫であると伝えている。

　安倍氏滅亡後、代わって東北に一大勢力を築いたのが奥州藤原氏であった。前九年の役で安倍一族が滅亡した時、安倍家には藤原経清という人物が身を寄せていた。経清は武家の名門である藤原北家秀郷流だが、佐藤氏や小山氏など多くの武家が出た秀郷の子千常の子孫ではなく、その兄千晴の末裔であった。安倍貞任の妹を妻としており、この戦いでも安倍氏とともに戦った。藤原氏の一族でありながら蝦夷に与したことが反感を買ったのか、戦後、わざと錆びた刀をもって斬首されたという。経清の妻は戦後清原武貞と再婚、経清の遺児清衡も清原氏に引き取られた。

　安倍氏征討に大功を挙げた出羽の清原武則は、蝦夷出身としては初めて朝廷から鎮守府将軍に任ぜられた。以後、武貞、真衡と続くうちに内部抗争が激しくなり永保3（1083）年、後三年の役が始まった。

　結局、清原家当主の真衡の病死などもあって清原家そのものが滅亡、藤原清衡が清原家の遺領をすべて継承することになった。清衡は平泉に居を構え奥州藤原氏が誕生した。

清衡は蝦夷出身者としてこうした奥六郡を支配する一方、藤原氏の一族として国衙領まで実質的に勢力下においた。さらに清原家が秋田出身であったことから、日本海側まで支配下におき、奥州に一大勢力を築いたのである。

● 館のつく名字

岩手県では館や舘の付く名字も多い。旧山形村（久慈市）では下館（しもだて）が一番多かったのをはじめ、久慈市の外館（とのだて）や、旧川井村（宮古市）の古館など、特定の地域に集中している。これらは、この地方で半島状の丘の上に造られた砦を「たて」「たち」と呼ぶことに由来している。

漢字では「館」と「舘」の2つがあるが、両方とも意味は同じである。読み方も「だて」「たち」などに分かれるため、あまりランキングの上位には上がってこないが、全体を合わせるとかなりの数がある。一番多いのが古舘で、読み方は「ふるだて」。「ふるたち」と読む著名人がいるため、つい「ふるたち」と読んでしまいがちだが、岩手県では9割以上が「ふるだて」と読む。次いで、漢字の違う古館が多く、読み方はやはり「ふるだて」である。ちなみに、「ふるたち」と読むのは佐賀県に多い。

その他、外館、西館、岩舘なども多い。

● 内のつく名字

岩手県を中心に、東北には「〜内」という名字が多い。もちろん「〜内」という名字は各地にあるが、東北以外では「〜うち」と読むことが多いのに対し、東北では「〜ない」と読むのが主流。この「ない」はアイヌ語に由来するといわれる。

古代、アイヌは北海道だけではなく東北にも広く住んでいた。アイヌ語で大きい川を「ベッ」、小川や沢を「ナイ」といった。こうした「〜ナイ」に因んだ地名が生まれ、「内」という漢字をあてることが多かったのだ。そして、この「〜内」地名に住んだ人が名乗ったのが「〜内」という名字である。

岩手県では似内（にたない）、米内（よない）が多く、青森県では小山内、長内、鹿内、天内（あまない）、相内、福島県では矢内、坂内（ばんない）、箭内（やない）、近内（こんない）、橘内（きつない）などが多い。

◆岩手県ならではの名字

◎留場（とめば）

遠野市土淵町の名字。小鳥瀬川の上流を堰き止め、長さ40間の留を築いたことから、留場を名字とした。

◎南部

　岩手県を代表する名家だが、ルーツは岩手県にはなく、清和源氏武田氏一族の光行が甲斐国巨摩郡南部郷（山梨県南巨摩郡南部町南部）に住んで南部氏を称したのが祖である。光行は源頼朝に仕え、陸奥国糠部郡の地頭となって下向したのが由来と伝える。やがて岩手県北部から青森県の八戸地方にかけての広い地域を支配し、一戸、九戸、久慈など多くの分家を出した。

◆岩手県にルーツのある名字

◎東井

　九戸村東根に東井と書いて「あずまい」と読む名字がある。東根の地名は、もともとは「東井」と書いて「あずまね」と読んだ。地名はその後、読みに従って「東根」と変化し、名字は漢字に従って「あずまい」と変化した。

◎金田一

　二戸市の地名をルーツとする名字。金田一京助・春夫・秀穂と3代続く国語学者のルーツも岩手県にあるほか、横溝正史の小説に登場する探偵・金田一耕助も岩手県出身という設定になっている。

◎田頭

　一戸町に集中している名字。田のほとりのことを「でんどう」ということに由来する。江戸時代、南部藩士に陸奥国岩手郡田頭（八幡平市）をルーツとする田頭家があった。藤原南家工藤氏の支流。

◎晴山

　陸奥国九戸郡晴山（九戸郡軽米町）がルーツで、晴山館に拠る。九戸政実の重臣晴山治部少輔が著名。現在は全国の6割弱が岩手県にあり、花巻市の旧石鳥谷町に集中している。

◎人首

　陸奥国江刺郡人首（奥州市）をルーツとする旧家。桓武平氏千葉氏の一族。南北朝時代以降は人首に住む国人領主で、戦国時代は人首城に拠って葛西氏に従っていた。江戸時代は一関藩士となっている。

◆珍しい名字

◎合砂

　岩泉町にある名字。「小さな砂が合わされば広い砂浜ができる」ということで、一族が共同すれば繁栄できるという意味という。

◎牛抱^{うしだき}

　滝沢市にある牛抱は、江戸時代、塩を運んでいた荷牛が洪水のために川を渡れずに困っていると、たまたま居合わせた人が、荷物を積んだままの牛を1頭ずつ抱き上げて川を渡った。この人物が藩主から牛抱という名字を賜ったのが祖という。

◎鍵掛^{かぎかけ}

　宮古市の鍵掛一族の先祖は源平合戦の際の落武者であるという。平片川をさかのぼり、さらにその上流の岩穴川を上っていると、やがて滝に進路をはばまれた。しかし、持っていた船戦用の鉤綱を使って滝を登り、その上の平地に土着したという。この滝は「鉤掛の滝」と呼ばれている。

◎桜糀^{さくらこうじ}

　雫石町と盛岡市に集中している名字。元は桜小路で、麹屋を営んで成功したことから、漢字を桜糀に改めたという。

◎鹿討^{ししうち}

　南部藩士に鹿討家があった。南部利直に仕えた阿野兵部が遠野で9頭の鹿を討ち取り、鹿討という名字を賜ったという。

◎十二林^{じゅうにばやし}

　雫石町にある名字。12人で移住し、大きな辛夷の木の下で語り合い開拓したことに由来するという。

◎小豆島^{しょうずしま}

　大槌町を中心に三陸地方に点在する名字。江戸時代に香川県の小豆島から移り住んだと伝える。「しょうどしま」ではなく「しょうずしま」と読み、漢字も小豆嶋と書くこともある。

◎躑躅森^{つつじもり}

　雫石町の躑躅森は、屋敷周辺にレンゲツツジが咲くことから名字にしたという。この名字の総画数54画は、現在確認できるものとしては最も画数が多いと思われる。

〈難読名字クイズ解答〉

①あずまい／②うしかんば／③うるしまっか／④かたびら／⑤かみうったない／⑥こずかた／⑦さいかち／⑧しょうぶんこ／⑨すごはた／⑩たがや／⑪たのし／⑫ならいだて／⑬はねいし／⑭ひとかべ／⑮わせき

II

食の文化編

米/雑穀

地域の歴史的特徴

　岩手県の稲作の歴史は、凶作や飢饉との闘いの歴史といっても過言ではない。凶作などは北国を中心に広域で発生するが、夏に「ヤマセ」が襲う特有の気候風土をもつ岩手県では、その被害が他地域より大きかった。1600（慶長5）～1869（明治2）年の269年間で、当時の盛岡藩で凶作が飢饉となった年が17回もあり、16年に一度の割合で飢えに苦しんだ。①1695（元禄8）年と1702（元禄15）年を中心とした元禄の飢饉、②1755（宝暦5）年の宝暦の飢饉、③1783（天明3）～87（天明7）年の天明の飢饉、④1832（天保3）～38（天保9）年の天保飢饉は、被害が大きく4大飢饉といわれる。

　コメが不作の年に人々を救ったのがヒエ、アワなどの雑穀である。江戸時代、北部の九戸地方では水田より畑の比率が高く、水田でヒエを栽培するヒエ田も多かった。ヒエ、アワ、そば、大豆などは寒冷でも確実に収穫でき、保存がきいたため、凶作の年にはこれらを食べてしのいだ。雑穀は、1955（昭和30）年頃まで、焼き畑による輪作が中心だった。こうした伝統から、アワ、キビ、ヒエなどの作付面積、収穫量は現在も全国トップである。

　1872（明治5）年に盛岡県が岩手県に改称された。岩手の名前の由来については、①荒々しい岩の出た土地、火口壁の押し出した土地、②岩手山やその溶岩流から、の二つの説がある。

コメの概況

　岩手県の総土地面積に占める耕地率は9.9％で、東北6県では最も低い。米づくりは、北上川やその支流が流入する北上盆地南部が中心である。

　水稲の作付面積、収穫量の全国順位はともに10位である。収穫量の多い市町村は、①奥州市、②花巻市、③一関市、④北上市、⑤盛岡市、⑥紫

波町、⑦八幡平市、⑧金ケ崎町、⑨雫石町、⑩遠野市の順である。県内におけるシェアは、奥州市20.7％、花巻市15.2％、一関市11.6％、北上市10.2％などで、この4市で6割近くを生産している。

岩手県における水稲の作付比率は、うるち米94.5％、もち米5.1％、醸造用米0.4％である。作付面積の全国シェアをみると、うるち米は3.6％で全国順位が10位、もち米は4.7％で6位、醸造用米は1.1％で栃木県、岐阜県と並んで19位である。

岩手県の田植えは5月中旬～下旬、収穫は9月下旬～10月中旬である。

知っておきたいコメの品種

うるち米

（必須銘柄）あきたこまち、いわてっこ、ササニシキ、どんぴしゃり、ひとめぼれ

（選択銘柄）岩手118号、かけはし、きらほ、銀河のしずく、コシヒカリ、たかたのゆめ、トヨニシキ、ほむすめ舞、ミルキークイーン、萌えみのり

うるち米の作付面積を品種別にみると、冷害に強い「ひとめぼれ」が最も多く全体の74.5％を占め、「あきたこまち」（15.8％）、「いわてっこ」（4.8％）がこれに続いている。これら3品種が全体の95.1％を占めている。

- **ひとめぼれ**　2015（平成27）年産の1等米比率は96.6％ときわめて高く、生産県の中で1位だった。県南地区の「ひとめぼれ」は2004（平成16）年産以降、最高の特Aが続いている。県中地区の「ひとめぼれ」は2015（平成27）年産で初めて特Aになった。

- **あきたこまち**　2015（平成27）年産の1等米比率は96.1％ときわめて高く、生産県の中で1位だった。県中地区の「あきたこまち」は特Aだった年もあるが、2016（平成28年）産はAだった。

- **いわてっこ**　岩手県が「ひとめぼれ」と「こころまち」を交配して2001（平成13）年に育成した。2015（平成27）年産の1等米比率は93.0％と高かった。県北地区の「いわてっこ」の食味ランキングはA'である。

- **銀河のしずく**　粘りを抑制し、冷害に強いと地元が期待を寄せている新品種である。県産の「銀河のしずく」の食味ランキングは前年産に続いて最高の特Aに輝いた。

- どんぴしゃり　2015（平成27）年産の1等米比率は96.9％ときわめて高かった。
- 金色の風　平泉町の世界遺産・中尊寺の金色堂やたわわに実った稲穂をイメージし、日本の食卓に新しい風を吹き込むという願いを込めて命名した。ふんわりした食感で、冷めても粘り気があると地元が期待を寄せている新品種である。産地は県南部に限定する。2017（平成29）年秋から首都圏を中心に販売を開始。
- たかたのゆめ　陸前高田市の登録商標である。日本たばこ産業（JT）が「ひとめぼれ」と、いもち病などに強いとされる「いわた3号」を交配して育成した「いわた13号」の原種を、2011年の東日本大震災の復興支援の一環として権利を含め陸前高田市に寄贈した。市はこれを「たかたのゆめ」として商標登録した。同市だけで作付けしているオリジナルブランド米である。

もち米

（必須銘柄）こがねもち、ヒメノモチ、もち美人
（選択銘柄）朝紫、カグヤモチ、夕やけもち
　もち米の作付面積の品種別比率は「ヒメノモチ」が最も多く全体の76.3％を占め、「こがねもち」（12.0％）、「もち美人」（8.3％）と続いている。この3品種で96.6％を占めている。

醸造用米

（必須銘柄）なし
（選択銘柄）ぎんおとめ、吟ぎんが、結の香
　醸造用米の作付面積の品種別比率は「吟ぎんが」72.1％、「ぎんおとめ」23.9％、「結の香」4.1％である。
- 吟ぎんが　岩手県が「山形酒49号」（後の「出羽燦々」）と「秋田酒49号」を交配し1999（平成11）年に育成した。2002（平成14）年に品種登録された。岩手県の酒造好適米として岩手県で生産され、県内の酒造メーカーを中心に使用されている。
- ぎんおとめ　岩手県が「秋田酒44号」と「こころまち」を交配して育成した。岩手県中北部向きの酒造好適米である。

知っておきたい雑穀

❶小麦

小麦の作付面積の全国順位は11位、収穫量は13位である。栽培品種は「ゆきちから」などである。主産地は花巻市、紫波町、北上市、矢巾町などである。

❷六条大麦

六条大麦の作付面積の全国順位は15位、収穫量は16位である。主産地は奥州市、久慈市などで、奥州市の作付面積は県全体の50.9%を占めている。

❸アワ

アワの作付面積の全国シェアは52.3%、収穫量は80.0%でともに全国順位は1位である。主な栽培品種は「大槌10」「ゆいこがね」などで、大槌10が全体の40.2%、ゆいこがねが25.1%を占めている。主産地は花巻市、軽米町、九戸村などで、花巻市の作付面積は県全体の35.4%、軽米町は20.7%を占めている。

❹キビ

キビの作付面積の全国シェアは52.3%、収穫量は50.3%で、作付面積、収穫量とも全国の5割以上を占有し1位である。主な栽培品種は「大迫在来」（全体の51.0%）、「月箱」（10.5%）、「ひめこがね」（9.6%）などである。主産地は二戸市（作付面積は県全体の32.1%）、花巻市（25.7%）、軽米町（9.8%）などである。

❺ヒエ

ヒエの作付面積の全国シェアは86.3%、収穫量は91.6%で、作付面積、収穫量ともに全国の9割前後を占有し全国1位である。主な栽培品種は「達磨」で、全体の91.7%を占めている。主産地は花巻市、二戸市、軽米町などで、花巻市の作付面積が県全体の91.7%を占め、二戸市は2.3%、軽米町は0.8%である。

❻ハトムギ

ハトムギの作付面積の全国シェアは30.6%で富山県に次いで2位である。収穫量の全国シェアは15.4%で富山県、栃木県に次いで3位である。主な栽培品種は「はとゆたか」「徳田在来」などで、はとゆたかが全体の99.4

%とほとんどである。主産地は花巻市、奥州市、矢巾町などで、花巻市の作付面積が県全体の85.2%、奥州市が19.2%を占めている。

❼エン麦

エン麦の作付面積の全国シェアは68.8%で1位である。収穫量が判明しないため収穫量の全国順位は不明である。統計によると、岩手県でエン麦を栽培しているのは紫波町だけである。

❽トウモロコシ（スイートコーン）

トウモロコシの作付面積の全国順位は7位、収穫量は10位である。主産地は岩手町、一戸町、八幡平市などである。

❾モロコシ

モロコシの作付面積の全国シェアは62.4%で1位だが、収穫量は12.4%に落ち、愛知県に抜かれて2位である。主産地は軽米町、一関市、九戸村などで、作付面積は軽米町と一関市がそれぞれ県全体の32.9%を占め、九戸村は24.3%である。

❿そば

そばの作付面積、収穫量の全国順位はともに9位である。主産地は紫波町、八幡平市、北上市、西和賀町などである。栽培品種は「階上早生(はしかみわせ)」「岩手早生」「にじゆたか」などである。

⓫アマランサス

アマランサスの作付面積の全国シェアは68.2%、収穫量は91.7%で、ともに全国順位は1位である。主な栽培品種は「メキシコ」（全体の27.1%）、「ニューアステカ」（15.7%）などである。主産地は軽米町、岩手町、九戸村などで、軽米町の作付面積が県全体の72.0%を占め、岩手町は14.8%、九戸村は8.3%である。

⓬大豆

大豆の作付面積の全国順位は11位、収穫量は10位である。県内全市町村で栽培している。主産地は奥州市、北上市、花巻市、金ヶ崎町、盛岡市などである。栽培品種は「ナンブシロメ」「青丸くん」「黒千石」「丸黒」「雁喰(がんくい)」などである。

⓭小豆

小豆の作付面積、収穫量の全国順位はともに4位である。主産地は一関市、花巻市、遠野市、奥州市、岩手町などである。

コメ・雑穀関連施設

- **岩手県立農業ふれあい公園農業科学博物館**（北上市）　農業科学博物館には、「農業れきし館」と「農業かがく館」の二つの展示室がある。前者では江戸時代以降の凶作、飢饉（ききん）の多かった農業、農村生活の変遷がわかる農器具や生活用具など、後者では現在の農業を学習できるクイズ、パズル、ゲームなどを用意している。

- **照井堰用水**（一関市、平泉町）　1100年代後半、奥州藤原氏の家臣照井太郎高春が磐井川に穴堰を開削した。藤原氏滅亡後の1200年代初めに高春の子の高康が堰と水路を完成させた。1,250haの水田にかんがい用水を供給し、世界遺産の毛越寺の浄土庭園の遣（や）り水にも使われている。

- **花巻新渡戸記念館**（花巻市）　生涯を国際平和と教育に尽くした新渡戸（にとべ）稲造博士の先祖は1598（慶長3）年から230年間、花巻に居住した。稲造の祖父傳（つとう）は、青森県の三本木原への水路開削に着手し、父十次郎、兄七郎と3代にわたって十和田市発展の基礎を築いた。記念館は、こうした新渡戸家の功績とゆかりの品々や、新渡戸稲造博士の足跡などを紹介している。

- **百間堤**（けんつつみ）（有切ため池、一関市）　北上山系の一関市室根町にあり、名前の通り堤長が百間（180m）を超える。江戸時代の地理学者・伊能忠敬に弟子入りした小野寺面之助が1804（文化元）〜45（弘化2）年頃、山野の開拓と、貧民救済のために築造したとされる。下流に連なる有切棚田などを潤している。

- **鹿妻穴堰**（かづま）（盛岡市、矢巾町、紫波町）　1599（慶長4）年に、南部氏第26代信直の命を受けた鉱山師の鎌津田甚六が、現在の盛岡市の大久山に長さ12mのトンネルを通し、開削した。北上川水系雫石川（しずくいし）に頭首工を設けた。穴堰の完成で、奥羽山脈と、北上川、雫石川に囲まれた三角地帯は米どころに変貌した。受益面積は約5,000haである。平成に入ってから国営盛岡南部農業水利事業が行われ、生活雑排水から農業用水を守る用排分離のシステムに変更された。

コメ・雑穀の特色ある料理

- **ふすべ餅**（県南地域）　岩手県の県南地域はもち文化圏であり、年中行

事や冠婚葬祭だけでなく、客へのもてなしとしてもちを搗く習慣がある。ふすべもちもその一つである。辛いことを「ふすべる」ということから名前が付いた。ゴボウ、鶏挽き肉、鷹の爪などを炒め、もちは最後にちぎって入れる。

- **うちわ餅**（八幡平市）　そば粉ともち米の粉を熱湯でこね、串にさしてうちわの形に延ばしてゆでた後、両面にジュウネ（エゴマ）みそを付けて焼く。ジュウネみそは、ジュウネの実を香ばしく煎って、すり鉢ですり、みそを混ぜてつくる。ジュウネの風味が楽しめるもち料理である。

- **クルミ雑煮**（宮古地方）　正月や冠婚葬祭のごちそうである。雑煮は、煮干しでだしをとり、すまし仕立てである。具材は鶏肉、ニンジン、ダイコン、ゴボウ、凍み豆腐などである。雑煮のもちは、砂糖やだしで味付けした別皿のクルミだれを付けて食べる。

- **香茸の炊き込みご飯**　香茸は鳶色の大型キノコで、干すと香りが強くなる性質があり、見た目より香りを楽しむキノコである。イノハナ、エノハナともよばれる。乾燥したキノコを水で戻し、ニンジン、油揚げなどとともにしょうゆ味で炊き込む。

- **わんこそば**（花巻市、盛岡市を中心に全域）　わんこは木地椀のことである。これに一口大のそばを入れ、客がそれを食べ終わると、断るまで給仕がそばを入れ続ける独特の食べ方である。食べ終わると、新しい別の椀を出し、それを積み重ねていく方法もある。

コメと伝統文化の例

- **春田打**（北上市）　一種の田植え踊りで、「お田ノ神舞」の別名がある。1576（天正4）年、現在の北上市江釣子に新渡戸対馬守胤重が人当山新渡戸寺を建立した際、落慶祝いに地区の農民に演じさせ、豊作を予祝したのが起源である。岩手県の無形民俗文化財である。開催は江釣子古墳祭りの9月23日など。

- **チャグチャグ馬コ**（滝沢市、盛岡市）　農耕馬に感謝する200年以上に及ぶ伝統行事である。色鮮やかな装束で着飾った100頭ほどの馬と馬主が、滝沢市の鬼越蒼前神社を参拝し、盛岡駅前を通り盛岡八幡宮までの約13kmを4時間近く行進する。国の無形民俗文化財である。開催日は毎年6月第2土曜日。

- **全国泣き相撲大会**（花巻市）　花巻市東和町の三熊野神社の毘沙門まつりで行われる祭事である。生後6カ月〜1歳6カ月の豆力士が顔合わせ相撲をし、先に泣くかどうかで、その年の豊凶を占う。802（延暦21）年に坂上田村麻呂が同神社の創建にあたり、配下に相撲を取らせたのを起源とする。開催日は毎年5月3日〜5日。
- **盛岡八幡宮裸参り**（盛岡市）　豊年と無病息災を祈願し、厄男が厄払いの裸参りをする藩政時代からの伝統行事である。背にしめを負い、はち巻き、腰にけんだいわら、素足にわらじという出で立ちの若者が、町内各組や団体ごとに隊列を組んで参詣する。開催日は毎年1月15日。この日前後に、市内では他の寺や神社でも同様の参詣が行われる。
- **江刺甚句まつり**（奥州市）　江戸時代からの伝統がある岩屋堂の火防祭を起源とし、豊作と家業の繁栄を祈願する祭りである。42歳と25歳の厄年にあたる年祝い連が演舞を披露するほか、2,000人を超える市民が踊る江刺甚句パレードなど市民参加の多彩な催しが行われる。開催日は毎年5月3日〜4日。

こなもの

椀子そば

地域の特色

　東北地方北東部の県で、かつては陸中国といわれた。西部は奥羽山脈。東部は北上高地で、その間に北上盆地がある。東は太平洋で、リアス式の三陸海岸で、多くの漁業基地があった。平成23（2011）年3月11日の東日本大震災の地震と津波により、海岸地帯の市町村、集落、大きな魚市場や漁港をふくめた多くの漁業基地が壊滅状態になってしまった。平成24（2012）年1月現在、この震災の被害を受けた岩手県・宮城県・福島県の人々は復旧・復興に努めているが、元の活気ある明るい集落や市町村が出来上がるためには、相当の年数がかかる見通しである。

　元来、岩手県は、厳しい自然環境に悩まされてきたが、自然環境を活かし、多彩な食材を生み出していて、食料自給率は高く、東京・銀座の充実したアンテナショップは、他県に比べても人気である。現在においては、「3・11」の「東日本大震災」により魚を漁獲する漁船もなくなり、沿岸漁場が地震と津波による瓦礫で荒れてしまい、漁獲物を水揚げする漁港も市場も消えてしまっている。水産物の供給量は激減し、農地は海水の浸水により耕作が難しくなってしまったので、水産物や農作物の自給率は、3・11の震災以前に比べれば満足のできない自給率に減少したと推定できる。

食の歴史と文化

　3・11の震災前は、リアス式海岸ではアワビ・ウニ・昆布・ワカメ・ホヤなどが漁獲され、養殖されていた。震災後は、これらの水産物の生産量は減少してしまったが、やがて復活することを期待している。ウニとアワビを使った「いちご煮」は、岩手県や青森県の三陸海岸の名物の吸い物である。

　三陸海岸の沖を流れる寒流と暖流の交わる海域は好漁場であり、サンマ、サバ、スルメイカの漁場でもあった。岩手県は、米作の難しい農地が多か

ったのであるが、従来のソバ・ヒエ・アワなどの雑穀農業から稲作に転換し、良質の岩手独特の銘柄米を作り出している。盛岡市・花巻市は、通常より糖度が向上する「矮化栽培」によるリンゴ栽培により「江刺リンゴ」などのブランドリンゴを生み出している。高地・高冷な気候を利用したレタスやキャベツのブランド品を作り出している。

　岩手県の有名な「こなもの」には「わんこそば」や「冷麺」「南部煎餅」がある。雑穀農業として発達した岩手県の農業から生まれた加工品と思われる。県北の雑穀地帯のハレの行事には、三角に切ったそば入りの「そばかっけ」を用意し、米も麦も生産できる県央では、米を節約するために、小麦粉団子の「ひっつみ」が主食となっていた。稲作の盛んな県南では、冠婚葬祭には「祝い餅」が振るまわれた。三陸沿岸の秋は、サケの「ちゃんちゃん焼き」でもてなされた。

知っておきたい郷土料理

だんご・まんじゅう・せんべい類

①南部煎餅

　日本の小麦粉せんべい（煎餅）は、岩手県盛岡市を中心とする南部地方で作られていた。したがって、青森県、岩手県、宮城県にまたがる地域に小麦粉を使った銘菓が多い。この地方でせんべいを作るようになったのは、戦国時代の出兵の際の携帯食として製造したのが始まりといわれている。江戸時代から、この地方のせんべいは小麦粉と塩のみで作るところに特徴があった。砂糖は使わないのが原則であった。岩手県の代表的なせんべいである南部煎餅の特徴は、表面にゴマを一面につけることである。ゴマを使う意味は、①適度に割れやすく、歯ざわりもよく、栄養面ではゴマのもつ機能性（ゴマに存在する酸化防止作用の成分）が期待されている。ゴマの風味が日本人の嗜好にあっていることも、南部煎餅の人気の秘密といえよう。

　南部煎餅の外観の特徴は、円形で鍋蓋様の形をしている。焼き型からはみだした耳の部分が薄く残っている。もともとは小麦粉と食塩を原料とする素朴な味のせんべいであるが、最近は、伝統の技法はそのまま守りながら、現代人の好みに合わせて甘味があり、ゴマ以外にもピーナッツや裂き

イカ、カボチャの種子、エビ、ショウガ、クルミなどを加えたものが出回っている。

②ずんだもち

北上川流域の米作地帯では、祭りには餅を搗くことが多い。「ずんだ」は「じんだ」ともいい、枝豆のことである。軟らかく茹でてすり潰した枝豆を砂糖、塩で調味した枝豆の餡を、搗きたての餅にからめたものである。枝豆の青臭さが香味となり、爽やかに味わえる。宮城県にも同様の「ずんだもち」があり、仙台の名物となっている。

③花饅頭

北上川上流の稲作地帯の盛岡市周辺、花巻周辺、遠野市周辺では、3月3日の雛祭りのために華やかなまんじゅう（饅頭）を用意する。うるち米の粉ともち米の粉でまんじゅうの生地を作り、桃色、緑色、黄色、柿色などの食用色素をつけ、花饅頭の木型（菊・梅・柿・桃・梅・栗・松・柚子・茄子・茗荷など）で形をつくる。まんじゅうの中に入れる小豆餡は粒餡が多い。

④彼岸だんご

春と秋の彼岸に、米粉で作るだんごで、中に入れる小豆餡は塩味の場合が多い。蒸かし上がったら黄な粉をかけて食べる。

暮れの地蔵だんご（地蔵さまの年取に供えるだんご）、小正月のまゆだんご（みずきの枝に飾るまゆ玉）、雛の節句のきりせんしょ（米粉を捏ねて作る蒸しもの）、彼岸だんごなどの行事に合わせて、米粉を使っただんごを作る。

⑤ひゅうじ

「ひゅうじ」の語源は、「昔、火を起こすときに火打石の形に似ているので、その火打石（ひうちいし）が訛って「ひゅうじ」とよぶようになった」という説がある。

半月形をした小麦粉の生地のだんごの中に、味噌、黒砂糖、クルミが入っている。家庭や田植え時の間食、お盆の供え物などのために作る。

⑥ひっつみ（引摘）

中力粉や薄力粉に水を加えて捏ね、手でちぎってだしに醤油か味噌を入れた汁で野菜などと一緒に煮込むもので、「すいとん」の一種といえる。

練った小麦粉を手でひっつまんで鍋に入れるので、この名がついた。茹

でたものは、擂ったゴマやクルミをつけて食べることもある。

⑦黄精飴（おうせいあめ）

　薬草入りのみちのくの珍しい菓子。黄精（きせい）は多年生のナルコユリで、不老長寿の妙薬といわれている。その地下茎を煎じた汁を、もち米、水飴、砂糖にまぜて求肥（ぎゅうひ）菓子が黄精飴である。1853年創業の盛岡市の長沢屋で売り出している。

麺類の特色　岩手県は、厳しい自然環境に悩まされてきた。この環境にめげず、この自然環境を生かした農業を発展させ、現在では多彩な食材を生み出す「食材王国」となっている。奥州市・北上市を中心とする地域は、従来は雑穀地帯であったが、現在は稲作に転換した農家もある。雑穀栽培の中で生まれたのが、岩手県独特のそば文化である。

めんの郷土料理

①わんこそば（椀子そば）

　「わっこそば」ともいう。朱塗りの椀に、一口ずつ盛ったそばのことで、花巻城の藩主・南部利直が、そばを椀に盛って食べたのが始まりといわれている。盛岡の椀子そばの店では、椀子一杯のそばは少量で、客が椀子の蓋をするまで、仲居さんが次々にそばを投げ込む。その風景には遊戯性がみられる。これは、客へのもてなしの心から生まれたともいわれている。

②はらこそば（腹子そば）

　津軽石川でとれる南部の鼻曲がりサケの筋子を入れたそばで、宮古の名物。

③ひつこそば（櫃蕎麦）

　遠野市の名物そば料理。「ひすこそば」ともいう。「ひつこ」とは「櫃＋こ」で小型の弁当箱をさす。4段重ねの丸形の曲げ物の容器に、そば、鶏肉、シイタケのほか、ネギ、ワサビ、青海苔などの薬味が入っている。

④まつもそば（松藻そば）

　久慈地域では、海藻のマツモを乾燥して海苔のように使う。これを汁そばの上にのせたもの。

⑤やなぎそば（柳葉そば）

　そばの生地を柳の葉の形にして茹でて、熱いうちに刻みネギ・酢味噌をつけて食べる。豊臣秀吉が夜食に好んだとも伝えられている。遠野地方では、よく食べる。

⑥そばかっけ

　手打ちのそばを作るとき、そばの麺帯（めんたい）を三角に切って茹でたものが「そばかっけ」。豆腐、下茹でした輪切りの大根、そばかっけを煮る。そばかっけが煮えたら、味噌だれで食べる。客へのもてなし料理であった。

⑦南部はっと鍋

　南部の小麦粉は灰分が多いのでやや黒めの粉である。これを使った古くからある鍋ものを10年ほど前から郷土料理に展開したのが、「南部はっと鍋」である。南部産の小麦粉を練り、薄く延ばして麺帯をつくる。この薄く延ばしたものを、盛岡の方言で「はっとう」という。これからうどん状に麺線（7 mm 幅）を作り、三陸海岸で漁獲されるカキ、タラの白子などの魚介類、鶏肉、野菜などを具にした鍋が煮えたら、このうどんを加えて煮る。コシのある麺が特徴。

▶ 東日本大震災からの復興リンゴ「大夢」

くだもの

地勢と気候

　岩手県の面積は 1 万 5,275 km² で北海道に次いで広い。県西部は奥羽山脈が走り、標高 2,038 m の岩手山が連なっている。東側の大部分は北上高地で、丘陵地帯が太平洋岸まで続いている。太平洋に面する海岸は変化に富み、宮古市より北は隆起海岸で海蝕崖や海岸段丘が発達している。宮古市以南はリアス式海岸である。中央部の北上盆地には北上川が流れている。

　気候は内陸と沿岸で大きく異なる。内陸は一日の寒暖の差が大きい。冬は日本海側の気候となり、季節風の影響を受けて降雪量が多い。沿岸は太平洋側の気候を示し、冬季の降雪は少ない。夏季にはヤマセの影響を受けやすい。

知っておきたい果物

リンゴ　　リンゴの栽培面積の全国順位は 3 位、収穫量は 4 位である。栽培品種は「さんさ」「きおう」「つがる」「ジョナゴールド」「黄香」「シナノゴールド」「ふじ」「王林」などである。主産地は盛岡市、花巻市、奥州市、宮古市、二戸市などである。出荷時期は 8 月～ 4 月頃である。

　「さんさ」の重さは 200 ～ 250 g とやや小ぶりである。盛岡市の郷土芸能である「さんさ踊り」から命名された。早生種で、出荷時期は 8 月～ 9 月頃である。主産地は盛岡市、花巻市、奥州市などである。

　「きおう」は岩手県園芸試験場（現岩手県農業研究センター）で「王林」と「はつあき」を交配して育成され、1994（平成 6）年に品種登録された。果皮は黄色で、重さは 300 ～ 400 g 程度の早生種である。主産地は花巻市、二戸市、一関市、盛岡市などである。

　「大夢」は「ふじ」と「ゴールデンデリシャス」を交配して育成し、東日本大震災の発生した 2011（平成 23）年に命名され、2013（平成 25）年

に品種登録された岩手県オリジナルの新品種である。

　宮古地域では「大夢」を復興リンゴと位置づけている。同地域では、主力品種の「ふじ」がヤマセの影響で小玉になる傾向があり、こうした条件でも大玉になる新品種の栽培に力を入れている。「大夢」は宮古市を中心に、盛岡市、二戸市などにも広がっている。出荷時期は11月頃である。

　「紅ロマン」は、奥州市の高野卓郎氏が「シナノレッド」の自然交雑実生の中から育成、選抜し2011（平成23）年に「高野1号」で品種登録した。「紅ロマン」は商標登録名である。

　「奥州ロマン」は奥州市江刺区で「シナノゴールド」と「つがる」を交配して育成された中生の赤色品種で2016（平成28）年に品種登録された。高野氏はこれまで「ロマン」と付く品種を3種登録しており、「奥州ロマン」は第4弾である。

　「はるか」は「ゴールデンデリシャス」と「スターキング・デリシャス」を交配して、誕生した。果皮は黄色で、平均糖度は15度以上である。糖度やみつ入り指数の高いものは「いわて純情プレミアム冬恋」として販売している。出荷時期は12月頃である。主産地は二戸市、盛岡市などである。

　「紅いわて」は早生種収穫以降で中生種収穫前の9月下旬頃に成熟する品種として開発され、2009（平成21）年に品種登録された。皮をむいた後、果肉が変色しにくい特性がある。主産地は花巻市、二戸市などである。「ジョナゴールド」の出荷時期は10月頃である。

西洋ナシ

西洋ナシの栽培面積の全国順位は秋田県と並んで6位である。収穫量の全国順位も6位である。栽培品種は「バートレット」「ラ・フランス」「ゼネラル・レクラーク」などである。主産地は花巻市、紫波町、盛岡市などである。出荷時期は11月頃である。

ヤマブドウ

ヤマブドウの栽培面積、収穫量の全国順位はともに1位である。市場占有率は、栽培面積で全国の59.6％、収穫量で62.1％を占めている。主産地は八幡平市、久慈市、野田村、葛巻町などである。出荷時期は9月頃である。

　葛巻町では、ヤマブドウを原料にしたワインを「くずまきワイン」として生産している。

フサスグリ

フサスグリの栽培面積の全国順位は2位、収穫量は3位である。主産地は一関市などである。

アロニア　　アロニアの栽培面積の全国順位は3位、収穫量は2位である。主産地は盛岡市などである。

ブルーベリー　　ブルーベリーの栽培面積の全国順位は6位、収穫量は7位である。栽培品種は「チャンドラー」などである。主産地は一関市、遠野市、岩手町、盛岡市などである。出荷時期は7月〜8月頃である。

　二戸地方では、「チャンドラー」の中から500円玉と同程度の直径24mmに達したものを「カシオペアブルー」として出荷している。

ラズベリー　　ラズベリーの栽培面積、収穫量の全国順位はともに5位である。主産地は一関市などである。

ブドウ　　ブドウの栽培面積の全国順位は10位、収穫量は9位である。栽培品種は「キャンベル・アーリー」「ナイアガラ」「紅伊豆」「ハニーブラック」「ロザリオ・ビアンコ」「デラウェア」「シャインマスカット」などである。主産地は紫波町、花巻市、一戸町などである。「シャインマスカット」「紅伊豆」の出荷時期は9月頃である。

サクランボ　　サクランボの栽培面積、収穫量の全国順位はともに10位である。栽培品種は「佐藤錦」「ナポレオン」「紅秀峰」などである。主産地は二戸市、一戸町、盛岡市などである。出荷時期は6月〜7月頃である。

カキ　　カキの栽培面積、収穫量の全国順位はともに43位である。沿岸南部では渋ガキの「小枝柿」が栽培されている。釜石市の甲子町を中心とした地域では「甲子柿」を生産している。「甲子柿」は「小枝柿」を、柿室で広葉樹を燃やして出るくん煙で脱渋したものである。収穫時期は10月下旬〜11月上旬頃である。

クルミ　　クルミの産地は盛岡市、九戸村などである。クルミには、川岸や山野に自生する「オニグルミ」や「ヒメグルミ」と栽培種の「テウチグルミ」などがある。「テウチグルミ」は、江戸時代に盛岡藩が導入し、「歯グルミ」「唐グルミ」などの名前で栽培された。戦後は、長野県から導入して各地に植えられた。奥州市の江刺地方では、精進料理の刺身の代わりに「クルミ豆腐」がつくられた。「オニグルミ」を擂って、砂糖を加えて吉野くずで固めたものである。

桃　　桃の栽培面積の全国順位は広島県と並んで15位、収穫量は13位である。主産地は紫波町、野田村などである。

日本ナシ　　日本ナシの栽培面積の全国順位は41位、収穫量は43位である。主産地は県南部である。

クリ　　クリの栽培面積の全国順位は27位、収穫量は21位である。主産地は野田村などである。

キウイ　　キウイの栽培面積の全国順位は滋賀県と並んで43位、収穫量も43位である。

スイカ　　主産地は滝沢市などである。出荷時期は8月頃である。滝沢市は火山灰を含んだ土壌と、昼夜の寒暖差の大きい気候がスイカの栽培に適しており、県内有数の産地である。「滝沢スイカ」のブランドで知られる。

イチゴ　　栽培品種は、冬春イチゴが「さちのか」、夏秋イチゴが「なつあかり」が中心である。主産地は一関市などである。出荷時期は12月〜7月頃である。

地元が提案する食べ方と加工品の例

果物の食べ方

ポークソテーりんごソースかけ（岩手県予防医学協会）

リンゴは皮をむいてすりおろす。タマネギは半分すりおろし、半分はみじん切りに。これらに醤油、ミリンを混ぜリンゴソースをつくる。焼いた豚肉にかける。

りんごコロッケ（岩手県）

ゆでてつぶしたジャガ芋に、切ったリンゴとすりおろしたリンゴを混ぜ、揚げてコロッケに。リンゴをミキサーにかけジュース状にして鍋でソース、ケチャップとともに煮詰めソースに。

ふわふわ栗大福（盛岡市）

白玉粉、砂糖、水を耐熱容器で混ぜ、ラップをかけて電子レンジに入れ500Wで1分加熱し、さらに同じ要領で加熱してもちに。栗の甘露煮をこしあんで包み、さらにもちで包む。

りんごようかん（岩手県）

　寒天は水を加えて火にかけ砂糖を加えて裏ごしする。鍋に戻し沸騰させ、練りあんを加えて溶かす。8等分してレモン汁で煮たリンゴを流し缶に敷き、寒天を流し入れて冷やし、固める。

りんごハンバーグ（岩手県）

　ボウルに牛豚ひき肉、きざんだリンゴ、溶き卵、タマネギ、パン粉、塩、コショウを入れて混ぜ、ハンバーグを焼く。皿に移し、スライスしてバターで焼いたリンゴをのせる。

果物加工品

- くずまきワイン　葛巻町の第三セクター葛巻高原食品加工㈱

消費者向け取り組み

- 久慈山葡萄生産組合（久慈市）
- 衣里地域いちご生産組合（奥州市）

魚　食

地域の特性

　三陸海岸は、青森の八戸市鮫角岬から宮城県牡鹿半島南端の金華山に至る太平洋側の長い海岸である。現在では、青森県の八戸から岩手県よりの一部、岩手県の三陸海岸、宮城県の牡鹿半島の一部までの海域である。かつては、陸奥、陸中、陸前の3つの国にまたがっていたから「三陸」の名が残っている。岩手県の三陸沖は、親潮（寒流）と黒潮（暖流）がぶつかり合い、一大漁場となっている。

陸中海岸はリアス式海岸

　陸中海岸は宮城県北東部に位置し三陸海岸を臨む気仙沼の唐桑半島周辺から岩手県北部に至る広い範囲の海岸で、その南北の長さは160kmを超える。リアス式海岸として発達した陸中海岸は国立公園に指定されている。リアス式海岸のこの地質は、主に花崗岩からなり、石灰地帯には鍾乳洞が多く存在していて、日本国の誕生について地質的な観点からの歴史を感じる。内陸部の森林区域から海へ流れてきた水は、花崗岩を通ることにより三陸の海で生息している魚介類に重要な栄養豊富できれいな水となり、海を豊かにしている。沿岸各地では、サンマ、サバ、スケトウダラ、イカなどを獲る漁船で賑わい、マグロ、サケ、サバ、マスは定置網でも漁獲される。アワビ、ウニなどの採集業も盛んである。リアス式海岸の発達した内湾ではホタテガイ、カキ、ホヤ、ワカメなどの養殖も盛んである。

魚食の歴史と文化

岩手県の季節と海の幸

　岩手県の海の幸は、春のウニから始まり、夏のホヤ・メカブ・ホタテガイ、8月から秋にかけてカツオ・サバ・サンマ・イワシ・スルメイカ、晩秋から冬にかけ

てはマガレイ・ヤナギガレイ・ナメタガレイ・キチジ・アイナメ・アンコウ・ボタンエビが沖底引き漁で漁獲される。宮古湾の冬のカキやナマコは美味である。10月には陸中の河川にはサケが産卵のために遡上する。冬の岩礁に生えるマツモやフノリは、この地域のみそ汁の具に利用される。

漁村では独特の郷土料理を工夫

三陸海岸の主な漁港は、青森県の八戸のほかに、岩手県では山田、大槌（おおつち）、釜石、大船渡（おおふなと）、宮城県では女川（おながわ）、気仙沼（けせんぬま）があげられる。穏やかな山田湾では夏から秋のスルメイカ漁の漁火は、風物詩となっている。三陸沿岸では海藻類、小魚、ウニやアワビが獲れるので、郷土料理に利用している。北海道と似て三陸で獲れるホッキガイ（ウバガイ）は、もてなしや正月には欠かせない貝で、刺身やすしの材料として必ず供される。

陸中海岸には定置網の漁業基地が多い

気仙沼湾から岩手県北部にいたる陸中海岸には、気仙沼、大船渡、釜石のほかに、陸前高田、宮古、久慈（くじ）などの漁業基地がある。サケ漁業、ワカメ・コンブなどの海藻類の養殖、ホタテガイ・マガキなどの養殖が行われている。近年、三陸でギンザケの養殖を行う漁村の中には、コンブ、ワカメ、ウニの養殖も行うところが多い。漁村の人々は、ギンザケの養殖も、その他のコンブやワカメ、ウニの養殖も、朝に家を出て、夕方には家庭に戻れるサイクルで各漁業の管理も生産もできる仕組みをつくっている。これまでの漁師のように何日も家を留守しなくてもできる仕事のサイクルなので、土地の若者は地元に戻ってきつつある。彼らの食生活は「地産地消」で満足でき、家庭生活も毎日家族の揃った生活で充実し、住民全体が活性化した生活をおくっている。

岩手は米の栽培に適さない土地だった

岩手県の名のルーツとして「岩手」の名は、平安時代の終わり頃、陸奥国「岩手郡」が初めて史料にあらわれたといわれている。江戸時代には盛岡市の北西にそびえる「岩手山」（標高2,038m）の噴火で盛岡一帯が降灰に見舞われたためか、岩手の山間部の農作物としてはアワ、ヒエ、ソバの穀類が主体であった。現在では「ひとめぼれ」「い

わて純情米」などの良質米が生産できるようになっている。現在、岩手の中心を流れる北上川を中心に米、リンゴ、レタスなどの農作物が栽培されている。

知っておきたい伝統食品と郷土料理

地域の魚介類
サクラマス（ママスともいう、小本浜）、ドンコ（エゾアイナメのこと、三陸岩手）、サンマ（宮古）、スルメイカ（前浜）、アワビ（三陸岩手）、ホヤ（三陸岩手）カキ（三陸岩手）ウニ（三陸岩手）、ワカメ（岩手）。

伝統食品・郷土料理
三陸の海岸の郷土料理では「海藻のめのこ（こんぶを細かく刻んだもの）飯」「ひじき飯」「めかぶとろろ」「サケの氷頭（サケの頭の軟骨）なます」「はらこなます」「小魚のたたき」「エゾアワビの内臓の塩辛（トシロ）」「焼きウニ（ガゼ）」がある。

①サケ料理
- **南部鼻曲がり鮭**　秋から冬にかけて、産卵のために日本近海に近づく。岩手県の宮古湾に注ぐ閉伊川を遡上する雄サケは「南部鼻曲がり鮭」とよばれ、伝統的な方法で作る新巻サケは特別な味で人気である。
- **氷頭なます**　サケの頭の軟骨は氷頭といわれ、この東部の先端の軟骨を削り、細切りしたダイコンやニンジンと、サケのイクラ（はらこ）で作る酢の物。正月料理として作られる。
- **南部鮭のたたき**　サケのエラたたきともいわれる。新鮮な南部鼻曲がり鮭のエラを細かくたたく。粘りが出るので、これにダイコンおろしを入れ、麹・味噌・砂糖・酒で調味し、1週間ほど漬ける。
- **サケの紅葉漬け**　生さけの薄い切り身と小さく切った筋子（サケの卵巣）を混ぜ、醤油・みりん・トウガラシで漬けたもの。花巻の名物。この名の由来は、サケの身と筋子の色が秋の紅葉を連想させることによる。
- **はらこなます**　ダイコンのなますに筋子（はらこ）を入れて混ぜたもの。はらこは膜につつまれたままの塩漬けの筋子を適当に切って入れる。岩手では直径0.5cmに達した大粒の筋子（粒粒になったイクラ）を使う。卵粒を膜からはずすには、3%の食塩水で処理してから10%前後の食塩水に30分ほど漬け、水きりする。一般に、「はらこ」は「はらご（腹子）」

といい、魚類の卵巣をいう。卵巣の塩漬けも「はらこ」といっている。マダラやスケトウダラの卵巣、サケの卵巣のイクラやすじこ（筋子）などがある。岩手県宮古地方ではサケの卵巣をさす。三陸海岸でのサケのはらこづくりは11月中旬〜12月いっぱいが最盛期。ブナサケ（河川で漁獲される婚姻色のでたもの）の腹をさき成熟した卵粒を塩漬けする。

- はらこそば　岩手県宮古地方の名物料理で、サケの腹子（イクラ）をそばに盛りつけたもの。腹子は塩・酒・醤油に漬けた紅葉（もみじ）漬を使う。
- 塩引き　いわゆるサケの塩蔵品であるが、塩蔵の後、腹部をひろげて乾燥によりうま味が生成する。成熟したサケ（あまり成熟しない「銀毛」が適当）のオスが使われる。
- サケの粕だき　岩手県の秋に漁獲される「南部サケ」の新巻ザケの頭・腹身の部分を入れた酒粕汁だが煮物に近い郷土料理。サケは捨てるところがなく全体を有効利用する料理として工夫された。サケの頭や腹部のほかに、ニンジン、ダイコン、ゴボウ（ささがきゴボウ）も加える。

②ウニ料理

　三陸地方のウニ（主としてキタムラサキウニ、ムラサキウニ）は晩春から初夏にかけて最盛期となる。

- ウニとアワビの炊き込みご飯　ハレの日や来客のためのご馳走として作る。ウニとアワビを入れて炊く。醤油と昆布だしで味付ける。生ウニに卵をかけて蒸した料理の「やまぶき煮」もある。
- ウニのいちご煮・やまぶき煮　ウニは煮ると、イチゴのように丸くなるのでこの名がある。ウニに鶏卵をかけて蒸したものがやまぶき煮。ウニが山吹色に似ることからこの名がある。

③イカ料理

- イカのぽっぽ焼き　軟らかいスルメイカをこってりと焼き上げた料理。イカの肝臓、赤味噌、砂糖、醤油を混ぜたものを用意する。下ごしらえしたイカの胴と脚を軽く焼き、胴に細かく刻んだ脚を詰めた後に用意した肝臓と味噌の混ぜたものを塗って焼く。

④昆布加工品

- すき昆布　岩手県や青森県で古くから作られている伝統食品。「ひきこんぶ」ともいわれている。軟らかい昆布を細切りし、煮熟後すきのり状

にすいて乾燥したもの。現在は養殖昆布を原料とし、5～6月に生産している。地元ばかりでなく、関西・九州方面にも流通している。すき昆布は、水または湯で戻して油炒めにするほか、煮物、佃煮、天ぷら、酢の物、サラダなどの料理に使われている。

⑤サンマ料理
● サンマのすり身　鮮度のよいサンマは塩焼きや刺身、たたきなどで食べる。鮮度のやや低下したものは、すり身にし、汁の実、煮物にする郷土料理。サンマの身を細かくたたき、すり鉢に入れてすり身とする。その他の具のダイコン、ニンジン、ゴボウなどを煮て、軟らかくなったところへ、シャモジにのせたすり身を入れて煮る。醬油と塩で味付けする。
● サンマのたたき　鮮度のよいサンマは三枚におろし、皮をはぎとり、糸つくりにしてからたたく。アサツキ、青ジソ、根ショウガのみじん切りを混ぜる。青ジソにすり身をのせて賞味する。

⑥ホッキガイ料理
● なます　ダイコンとともになますに仕立てる。
● 蒸しホッキ　獲れ立てのホッキガイを、浜でむき身にし、そのまま蒸したもの。市販もされている。

⑦ブリ料理
● たことう　油揚げを炙り、ブリの切り身・茹で三つ葉・ダイコンおろし・さらしネギを混ぜて醬油で味付けた郷土料理。

肉　食

ひっつみ

▼盛岡市の1世帯当たりの食肉購入量の変化（g）

年度	生鮮肉	牛肉	豚肉	鶏肉	その他の肉
2001	32,980	4,687	16,277	9,507	1,588
2006	40,020	5,048	19,314	11,885	2,320
2011	41,903	4,598	21,958	12,872	1,834

　岩手県は、これまで厳しい自然環境に悩まされ、稲作が難しいといわれていたが、奥州市・北上市を中心とする地域では、従来の雑穀農業から稲作に適したコメの品種改良の開発から、稲作も盛んになり、岩手県全体で、自然環境を活かして多彩な食材を生み出すようになった。現在では、「食材王国」となり、かつての雑穀生活のイメージは全く感じられない。山形県が発祥であるという「芋煮会」は岩手県では鶏肉や豚肉が多いようである。

　岩手県の銘柄牛では前沢牛がある。奥州市の前沢地区で肥育してさわいる黒毛和種であるが、銘柄牛として登録するには一定の規格が設けられている。また、岩手県は古くから農耕用にウマもウシも飼育していた。牛馬と人が一緒に暮らした南部曲がり家という独特な建物があり、家畜の飼育技術は幾代にもわたり伝承されていたことが、家畜を丁寧に飼育する生活を続けるようになった。1969（昭和44）年に、奥州の前沢地区のウシを食用として東京の食肉市場で売買することになったが、この時の評価は良くなかった。その後、種牛として神戸牛や島根牛を導入し、品種改良を重ね、1979（昭和54）年に、再び東京の食肉市場に搬入した。この時の評価は最高に良く、これを契機に「前沢牛」がブランド化された。

　雫石は、大規模な原種豚センターもできているほど、養豚業も盛んである。また、古くから羊毛の生産のためにヒツジを飼育していた。羊毛の生産との関係は明らかではないが、遠野市にはジンギスカン食肉センターがあり、ジンギスカンの店も多い。イノシシやクマもマタギ料理として僅かではあるが存在している。

知っておきたい牛肉と郷土料理

岩手県は旧南部時代に南部牛を荷役牛として飼育していたためか、ウシの飼育に力を入れている。アメリカから導入したショートホーンと南部牛を交配して改良されたのが日本短角牛である。古くからウシの飼育を行っている岩手県には、銘柄牛の種類も多い。

❶前沢牛

岩手県奥州市前沢地域（前沢真町、胆沢町、北上市）で育てられた黒毛和種のうち、歩留等級ＡまたはＢ、肉質等級４以上の高品種な牛肉だけが「前沢牛」の牛肉と認証される岩手県の銘柄牛である。関西地方の松阪牛や神戸牛、但馬牛の牛肉が「西の横綱」の肉といわれる牛肉であれば、前沢牛の肉は「東の横綱」の肉といわれている。きめ細やかな霜降りの入っている肉質が特徴で、牛肉の香りもよい。焼いた時に甘い香りを感じる。牛すじ肉の煮込み料理は豆腐と一緒に煮込んで提供されている。

❷いわて短角牛の料理

岩手県山形村、岩泉町、安代町などを中心として飼育している南部牛をもとに改良を重ねてつくられた岩手県の特産牛。元となる南部牛は明治初期に「南部牛追い唄」で知られている在来種である。「いわて短角牛」は、南部牛に外来種のショートホーンを交配し、その後肉用種に改良されたものである。子牛の時期は、高原に放牧し、母乳を飲み、無農薬の牧草を食べ、自由に運動しながら育ち、肥育の時期には地元で生産された牧草で調製した農薬やホルモン剤などの使用されていない安全なエサで飼育される。肉質については、黒毛和種の肉質に脂肪交雑の少ない赤身肉で、うま味成分であるイノシン酸（核酸関連物質）、グルタミン酸（アミノ酸の一種）を豊富に含み、すき焼き、焼肉、ステーキなどに利用される。

- **小岩井農場の牛**　ビーフハンバーグ、ビーフシチュー、ステーキ丼などが有名。小岩井農場は小野義眞、岩崎弥之助、井上勝が国家公共のために開拓した（1888［明治21］年）。
- **冷麺**　盛岡で食べられている冷麺は、牛骨や牛肉でとったスープに、トッピングにはスライスした牛肉などが使われる。

知っておきたい豚肉と郷土料理

ブタは古くから農家で丁寧に飼育されていた。岩手県での現在の豚肉の飼育の主流は、国産三元豚である。岩手県では、1971（昭和46）年に繁殖用母豚の開発が始まった。近年、三元豚の名が一般にも知られるようになると、銘柄豚が次々と登場した。また岩手県は、繁殖用母豚の開発（系統造成）のモデル県の一つとして選ばれ、岩手県は近代養豚の発祥の地といわれている所以である。

岩手県の三元豚は、ランドレース種（L）のメスと大ヨークシャー種（W）のオスを交配して誕生した母豚「イワテハヤチネ」系である。1979（昭和54）年に系統認証を受けた。このイワテハヤチネ系（LW）とデュロック（D）を交配した三元豚（LDW）が主流となっているが、2005（平成17）年からは、初代「イワテハヤチネ」系を改良した産肉の優れた「イワテハヤチネL2」を母豚とする豚肉が市場に流通するようになった。

岩手産の銘柄豚には4種類がある。白金豚は、さらに高級感を表すために「プラチナポーク」とよんでいる生産関係者がいるようである。

❶白金豚

白金豚の名の由来は、宮沢賢治の作品にあるブタの名にあると伝えられている。肉質は、臭みがなくて食べやすい。脂肪の融点は人の体温より低く、人の口腔内の温度でほどよくとろける。ローストポーク、豚しゃぶしゃぶがこの豚肉のうま味がよくわかる。

❷白ゆりポーク

「白ゆり」の名の由来は、北上市の花の白ゆりからつけられている。北上市中心の地域で飼育している。肉質は、きめ細かくなめらかで弾力性がある。この肉を使ったトンカツの歯触りがよい。ご当地B級グルメの「北上コロッケ」に使われている豚肉である。

❸折爪三元豚佐助

「折爪」の由来は岩手県の北部の二戸市、軽米町、九戸村にまたがる折爪岳の「折爪」に由来し、その麓の養豚業「久慈ファーム」があり、「佐助」の由来は、久慈ファーム初代社長の名「久慈佐助」にある。自然環境に恵まれた折爪岳の麓でストレスなく飼育されている。適量の質のよい脂肪を含み、融点も低い。融点が低いので口どけがよく、豚肉特有のうま味があ

る。しゃぶしゃぶなどシンプルな料理に合う。

❹イワテハヤチネL2

2010（平成22）年に造成が完了した「ローズL-2」系統のブタ。健康に育つことを優先し、徹底した衛生管理とエサや水にこだわった飼育管理により飼育したブタで、その肉質の風味とうま味がよい。新たな銘柄豚として登場している。

- **惣菜パン** しっかりしたバーガー用のパンの間に、コンビーフ、カレー、豚しょうが焼きなどを挟んだものが、一般市民のおやつとして利用されている。

- **「豚汁風」芋の子汁** 北上盆地では、豚肉、サトイモを入れた味噌味の豚汁風芋の子汁が多い。

- **盛岡じゃじゃ麺** 盛岡周辺を中心とした岩手県内の郷土料理で、専門店もある。起源は中国のジャージャンミエンにある。第二次世界大戦中、旧満州（現在は中国の東北部にあたる）に移住していた高階貫勝という人が、満州で生活していた時に食べたジャーシャミエンをもとに、大戦後盛岡に戻り、日本の食材を使って満州で食べたものに似ためん類を作り、屋台で販売したのが、現在のスタイルの郷土料理の原型だったといわれている。特製の肉みそとキュウリやネギをかけ、好みに合わせでラー油をかけ、さらにおろしニンニクやショウガを混ぜて食べる中華風の盛岡のめん類料理である。

- **椎茸八斗** 八斗とは東磐井地方の郷土料理で、米の穫れない時に代用食として食べた「すいとん」のことをさす。一関は椎茸の産地で周年食べられた。食料難時代は代用食であったが、最近は豚肉を入れて、ご馳走に変わっている。煮干しでとっただし汁に大根、シイタケ、ニンジンなどを入れて煮る。別の容器に水を加えて粘りをつけた小麦粉をよくねかせておいて、野菜や豚肉を入れて煮あがった汁の中に、団子状にしていれる（岩手県農業普及技術課）。

- **ポーク卵** ランチョンミートの缶詰のスライスと卵料理（オムレツ）をワンプレートにのせた料理（岩手県農業普及技術課）。

- **ウスターソースかけかつ丼** 一関市のかつ丼は、ご飯の上にのせたとんかつにウスターソース味のあんかけをかけたもの。つゆがご飯に浸みないようにあんかけにしてある。

知っておきたい鶏肉と郷土料理

　岩手県は鶏肉の生産量の多い地域である。銘柄鶏には、さわやかあべどり、南部どり、岩手がも、奥州いわいどり、奥の都どり、地養鶏、菜彩鶏、鶏王、五穀味鶏、みちのく清流味わいどり、純和鶏などがある。

❶菜彩鶏

　「菜・彩・鶏」とも書く。飼育後半から植物性たんぱく質中心の飼料で育てるため、特有のにおいがなく、食べやすい鶏肉であると評価されている。ビタミンEやリノール酸を多く含み、健康によい機能性成分を含むという特徴がある。鶏肉特有のにおいが少なく、ほとんどの鶏肉料理に合うが、とくに水炊きや焼き鳥などの素材の味の確認できる料理に向く。

❷三元交雑鶏（南部かしわ）

　岩手県の畜産試験場で、父系に「シャモ」、母系に「白色プリマスロック」と「ロードアイランド」からなる三元交雑法により開発した特産肉用の地鶏である。肉質はうま味があり、歯ごたえがある。ハーブやニンニクなどを含むこだわりの飼料が与えられている。

- ● ジャンボ焼き鳥　盛岡競馬場の屋台村の名物。使用される鶏肉は大きく、これを2〜3個を串に刺して焼く。味付けは塩で、トウガラシを振りかける。

知っておきたいその他の肉と郷土料理・ジビエ料理

❶岩手がも

　田野畑村の「岩手がも」として知られている。陸中海岸と小高い山々に囲まれた田野畑村の自然の中で飼育されている。飼料としてトウモロコシ、大麦、海藻などの素材を与えている。肉質は肉厚で、コクがあり、鴨すき（鍋）が代表的料理である。鴨ハンバーグ、鴨鍋セットなどが市販されている。

❷ホロホロ鳥

　ギリシャ・ローマ時代には貴族が食べたといわれ「食鳥の女王」と称される。現在では数少ない専門店でなければ食べられない貴重な鳥である。日本には江戸時代に伝えられたといわれている。四方を山に囲まれた静かな環境と、農場地から湧き出る温泉を床暖房にした環境で飼育している。

孵化後120日目で出荷される。産卵直後の肉は、脂があり、ジューシーである。塩を振って炭火で焼くのが美味しい。郷土料理の「ひっつみ」が美味といわれている。

- **ジンギスカン鍋**　小岩井農場産のラム肉を使った名物料理。また、小岩井農場産の牛を使ったビーフハンバーグやビーフシチュー、ステーキ丼もあるが、いずれも数量限定である。小岩井農場は、今から130年ほど前の1888（明治21）年、岩手山麓の裾野に広がる不毛の荒野を、国家公共のために農場にするという高邁な考えを持った小野義眞、岩崎彌之助、井上勝の3名から始まる。
- **遠野ジンギスカン**　1960年代ころから、遠野市の食肉センター周辺の食堂では、羊肉を使った「遠野ジンギスカン」が普及し、現在も続いている。
- **ぶっとべ**　二戸の若手料理の会が開発したご当地グルメ。地元銘柄の豚と鶏とベコ（岩手の方言で牛のこと）を使った料理で、それぞれの頭文字をとって命名されている。今は、メンチカツやつくね串など多数開発されている。

岩手県のジビエ料理

大船渡市五葉山で捕獲されたクマ、シカの肉料理を提供されている。鹿肉の背ロース部位は「ステーキ」として、熊汁は干しダイコンや高野豆腐などの煮込みとして提供されている。

- **熊料理**　宮古市にマタギ料理が伝わっている。
- **ヤジ**　クマの血液を大腸に詰めて茹でたもので、岩手や秋田で食されていた。新潟では"やごり"という。昔は、クマの生の血液は、薬として飲まれており、クマの脂は火傷やひび割れの薬として、骨はてんかんの薬として使われていた。
- **狸汁**　遠野地方では、具にはごぼうやねぎ、大根を入れ、臭い消しに根生姜が使われていた。秋口のタヌキは臭いが強いので、一度水煮にしてから料理をする。タヌキの毛は毛筆に、毛皮は防寒用に、皮は鞴（鍛冶屋などで強い火力を得るときに空気の流れを生み出し、燃焼を促進する器具）に使われ、昔は高値で取引されていた。

地　鶏

▼盛岡市の1世帯当たり年間鶏肉・鶏卵購入量

種　類	生鮮肉（g）	鶏肉（g）	やきとり（円）	鶏卵（g）
2000年	33,894	8,988	2,122	30,790
2005年	37,257	10,675	2,435	29,641
2010年	42,698	13,535	2,249	32,404

　かつての岩手県は、三陸地方で漁獲される魚介類を除いて、厳しい自然環境に悩まされ、コメの栽培に適している耕地は少なく、穀類としてはソバやその他の雑穀の栽培をし、食料としたこともあった。現在では自然環境を活かし、多彩な食材を生み出し、高価ではないが珍しい食材も利用して「食材王国」となり、食料自給率は100％を超えるに至っている。東京・東銀座に出店されている岩手県のアンテナショップは、他の地域のアンテナショップよりもいち早く進出し売り場面積が広く品物も多いので、東京の名物店となり、上手に岩手県をアピールしている店である。

　岩手県の銘柄米の「いわて純精米」は、「ひとめぼれ」の転換したコメで、岩手県の産地を見事にアピールしている。水産物は、三陸近海やその沖合が好漁場であるから不自由しないが、サケの人工的採卵・受精・放流も行い自然のサケの生産にも力を入れている。銀サケ、ウニなどの養殖も展開させ、長期間家族が離れる遠洋漁業から家庭と養殖場を日帰りし、家族を大切にする漁業経営にも取り組んでいる漁村もある。

　岩手県の畜産としては、和牛のいわて短角和牛がよく知られている。鶏では、いわて赤どり（東磐井）、味わいどり（気仙沼）、清流赤どり（気仙沼）、奥羽州いわいどり（東磐井）、奥の都どり（東磐井）、菜・彩・鶏（東磐井）、サラダチキン（岩手郡）、さんさどり（二戸）、吟鮮鶏（二戸）、地養鶏（東磐井）、南部どり（東磐井）、南部どり赤かしわ（東磐井）、南部どり純鶏、みちのく赤鶏などの多くの銘柄鶏がある。銘柄鶏の種類の多いのは、岩手県の畜産試験場、消費者へのリサーチに基づく「南部かしわ」の生産や販売に関する積極的な戦略や助言があったことによると思われる。

このような多種類の銘柄鶏の開発は、他県よりも優れていると考えられる。県庁所在地盛岡市の1世帯当たりの鶏肉の購入量は、2000年は東北地方の中でも最も少なかったが、年々購入量は増加し仙台市や福島市の1世帯当たりの購入量よりも多くなっている。また、鶏肉の生産量は、鹿児島県、宮崎県に次いで多い。

　岩手県の鶏卵の生産量は、都道府県格付け研究所のホームページ（2013年7月）によると、75,000トンで、全国では13位となっている。盛岡市の1世帯当たりの鶏卵の購入量については、2000年、2005年は東北地方では最も少なかったが、2010年には東北地方の仙台市や福島市に比べれば増加している。

　これら、養鶏を交えて畜産の発達は、県民性と、小岩井農場など近代農業の舞台となった地域であったことと関係があるように思われる。すなわち、性格的には控えめだが、手をぬかずまじめに職務に取り組む姿勢は裏方の実力を発揮し、さらに今日の畜産の発展へと繋がったと考えられる。

　鶏肉料理の種類には、珍しいものはないが、使用している鶏の種類は、岩手産の地鶏の店もある一方で、宮崎産の銘柄鶏を使っている店もある。鶏肉は、焼き鳥や水炊きなど、ほとんどの料理に使われる。鶏ガラは、だし用に使われている。

　遠野地方の正月料理の「けいらん」は、鶏卵ではなく、米の粉に湯を加えて鶏卵の形にしたものである。かつては、病人の栄養補給のためにだけ、鶏卵を食べた時代もあった。栄養的に優れた鶏卵が、一般の人が毎日食べられるようになったのは、第二次世界大戦が終わって、健康の重要さから栄養学的研究が展開し、栄養不足のない生活が普及してからである。

知っておきたい鶏肉、卵を使った料理

● **だまこ汁**　鶏のだしで、野菜とだま（ご飯と片栗粉、地方によってはこれに牛乳を入れてよくこねて団子にした物）を煮る素朴な郷土料理。地鶏と地元の野菜、お米で作るだまこ汁で新米の収穫を祝う。お鍋で炊いたご飯をすりつぶして丸い団子にし、地鶏と野菜からでるだしで煮る。家族親戚皆で団子を作って、だまこ汁を皆で味わった。秋田のきりたんぽより歴史があるといわれている。

● **卵めん**　江刺の名物。江戸時代、幕府の禁教の迫害を避けて、長崎から

江刺に逃げてきたキリシタンがもたらしたと伝わる麺で "蘭麺" とよばれた。自由民権運動の主導者として知られる板垣退助も、お気に入りの麺で、"卵めん" と名付けたと伝わる。小麦粉に卵をたっぷり入れてのばした、腰の強さと、つるりとした食感、そして、卵の美味しさが加わった、黄金色の細麺。

- **ふすべもち**　岩手県南地方では、お正月以外でも餅をつき食べる食風習がある。"辛い" を意味する "ふすべる" から名前が付いたのがふすべもち。皮付きごぼうをそのままおろし、鍋で炒め、キジの挽肉を入れだまにならないように炒め、だし汁、醤油、酒で味を整え、輪切りの鷹の爪を加えて、つきたての餅をちぎって入れる。

- **鶏蛋湯（チータンタン、チータン）**　盛岡じゃじゃ麺を食べ終わった後、その器に生卵を割り入れ、茹で汁を注ぎ、じゃじゃ味噌といわれる特製の肉味噌を加え、かき混ぜて作るスープのこと。このスープを飲まないとじゃじゃ麺を食べた気がしないといわれる。第二次世界大戦後に満州から伝わったといわれているじゃじゃ麺は、茹でた平うどんに、特製のじゃじゃ味噌ときゅうり、ネギ、おろし生姜、好みで酢やラー油、にんにくをからめて食べる。じゃじゃ麺は、わんこそば、冷麺とともに "盛岡三大麺料理" といわれている。

卵を使った菓子

- **かもめの玉子、黄金かもめの卵**　土産菓子。大手亡（インゲン豆の一種）、砂糖、小麦粉、鶏卵で作ったほくほくの黄身餡を、カステラ生地とホワイトチョコで包んだ風味豊かなお菓子。第22回全国菓子大博覧会で「名誉総裁賞」を受賞。"黄金かもめの卵" は、栗を丸ごと1個黄身餡の中に入れ、外側の皮の表面を金箔で飾った、黄金文化平泉を代表する土産。大船渡のさいとう製菓が作る。

- **小岩井農場のアイスクリーム、マドレーヌ**　農場内で産まれた新鮮な卵と、農場内で作った濃厚ミルクで作る。卵を贅沢に使うことで乳化剤などの添加物を使わずに卵の力だけで乳化させた。クリーミーで卵の風味を活かしたコクのあるカスタードバニラ味。マドレーヌは、新鮮な卵とミルク、農場内で作った良質な醗酵バターで作る。芳香な香りとやさしい味わいが楽しめる。小岩井農場は今から130年ほど前の1888（明治

21）年、岩手山麓の裾野に広がる不毛の荒野を、国家公共のために農場にするという高邁な考えを持った小野義眞、岩崎彌之助、井上勝の3名から始まる。ちなみに小岩井農場の名前はこの3名の苗字の頭文字からつけられている。不毛の大平原の開墾は西洋式の最新の機械を使っても難航し十数年の歳月を要した。その後も度重なる苦難を乗り越えて農場事業が始まった。現在、農場は一般公開され、家畜や畜舎の見学や、バター作り体験、ガイドツアーも実施されている。園内のレストランでは農場の卵を使ったオムレツなどを食べることができる。東京の直営レストランにも毎日卵やミルクを直送し、オムレツや温泉卵が載ったスパゲッティカルボナーラなどが提供されている。

地　鶏

- **岩手地鶏**　在来種。天然記念物。原産地：岩手県。体重：雄平均1,800g、雌平均900g。岩手県北部の山間部や紫波町、県南部で飼育されていた地鶏。一時、絶滅したと思われていたが、再発見され、現在は畜産研究所で保存されている。野生色が強く飛ぶ力も強い。1984（昭和59）年に天然記念物に指定された。天然記念物に指定されている“地鶏”は他に、“岐阜地鶏”“三重地鶏”“土佐地鶏”。
- **南部かしわ**　体重：雌3,000〜4,000g。軍鶏や岩手地鶏、ロードアイランドレッド、白色プリマスロックなどを交配して誕生。雫石の水と野菜、穀類を与え120日間の長期放し飼いすることで、ほど良い脂の旨みのある、しまった肉質に仕上がる。スープを作るとコクと甘味が出る。鍋物、焼き鳥、ソテーに向く。岩手しずくいし南部かしわ生産組合が生産する。
- **三陸地鶏**　体重：平均2,900g。軍鶏とロードアイランドレッドを交配した雄に白色プリマスロックの雌を交配。特定JASの地鶏に認定されている。平飼いで飼養期間は89日。三陸地鶏生産販売協議会が生産する。

銘柄鶏

- **純和鶏**　体重：平均2,700g。純国産の紅桜の雄に小雪の雌を交配して生まれた純国産のブランド鶏。肉質はジューシーで旨みが濃く、弾力のある食感。日本人が美味しいと実感できる味わい。平飼いで飼養期間は平均64日以上。仕上げ用飼料にハーブを配合。ニチレイフレッシュファ

ームが生産する。

- **さわやかあべどり**　体重：平均2,900g。植物性の原料を中心とした飼料で育てたので、低脂肪で肉食もピンクで鶏特有の臭みもない。また、トウモロコシを使わないので脂肪も白色。一般の鶏肉よりビタミンEが多い。平飼いで飼養期間は平均48日。白色コーニッシュの雄と白色プリマスロックの雌の交配。阿部繁孝商店が生産する。
- **南部どり**　体重：雄平均2,750g、雌平均2,750g。美味しさの追求と防疫対策のために、フランスから南部どりの祖父母にあたる赤どりの原種鶏を独自に輸入して作り上げた。飼料はすべての期間、抗生物質や合成抗菌剤は不使用で、薬の代わりに抗菌力の高い納豆菌やハーブオイルを使用。やわらかい脂を作るために、飼料に中鎖脂肪酸を多く含むココナッツオイルを加えて、まろやかな食感の肉質を実現したオリジナルチキン。レッドコーニッシュの雄に白色ロックの雌を交配。アマタケが生産する。
- **奥州いわいどり**　岩手県南部の磐井地方で生産される。専用飼料は、植物性タンパク質を中心にし、ブナやナラなどの広葉樹の樹液と、海藻粉末、ヨモギ、木酢液などを配合。鶏舎の床暖房に鶏糞ボイラーを利用した、平飼いの環境対応型養鶏。白色コーニッシュの雄と白色ロックの雌の交配。一関市のオヤマが生産する。
- **奥の都どり**　体重：雄平均2,900g、雌平均2,900g。岩手県南部の磐井地方で生産される。専用飼料は、植物性タンパク質を中心にし、ブナやナラなどの広葉樹の樹液と海藻粉末を配合。平飼いで飼養期間は平均49日。鶏舎の床暖房に鶏糞ボイラーを利用した、環境対応型養鶏。白色コーニッシュの雄と白色ロックの雌の交配。一関市のオヤマが生産する。
- **地養鳥**　体重：雄平均2,900g、雌平均2,900g。植物性タンパク質中心の飼料に炭焼きのときに発生する木酢液を主原料とした地養素を配合。全国地養鳥協会員指定製品。平飼いで飼養期間は平均49日。白色コーニッシュの雄と白色ロックの雌の交配。オヤマが生産する。
- **菜・彩・鶏**　体重：平均2,900g。鶏肉嫌いの原因の独特の匂いを低減するために、飼料期間後期には、動物性タンパク質を含まない飼料で育てる。仕上げにはビタミンEを強化した飼料を使用。飼育期間中は抗生物質や合成抗菌剤は不使用。平飼いで飼養期間は平均54日。白色コーニッシュの雄と白色ロックの雌の交配。十文字チキンカンパニーが生産する。

- **みちのく清流味わいどり**　体重：平均2,900g。産地、生産者、飼育法などの生産情報を開示し、木酢酸、海藻、ハーブ抽出物を添加した飼料を与えた若どり。平飼いで飼養期間は平均50日。白色コーニッシュの雄と白色プリマスロックの雌の交配。住田フーズが生産する。
- **鶏王**　体重：平均2,900g。飼養期間後期と仕上げの飼料には、アスタキサンチンを含む天然酵母のファフィア酵母とパプリカ抽出物を加え、肉色を視覚的に差別化した。さらに、仕上用飼料にはエゴマ油を加えてω3系脂肪酸のa-リノレン酸を強化した。平飼いで飼養期間は平均60日。白色コーニッシュの雄と白色ロックの雌の交配。十文字チキンカンパニーが生産する。
- **五穀味鶏**　体重：平均2,900g。コクと旨みのために、とうもろこし、丸大豆、マイロ、玄米、ライ麦の5種類の穀物を加えた専用飼料を使用。第一ブロイラーが生産する。飼養期間は平均50日。

たまご

- **北の卵**　ビタミンEを強化した卵。専用の植物性飼料に丸大豆や伊藤忠飼料独自のヤシの実の油を配合。白玉で4個入り、6個入り、10個入りがある。飼料メーカーの伊藤忠飼料のグループ会社のアイ・ティー・エスファームが生産する。
- **イーハトーヴ物語**　地元産の雑穀や300種類もの有機酸とアミノ酸を含んだ天然由来の独自飼料と、水質バランスのとれた活性水を与え常に健康管理と衛生管理に気を使って作った卵。農場から出る鶏糞は米やホップ栽培の肥料に活用。北山山系の種山高原の麓に位置する菊池農場が生産する。「イーハトーヴ」は宮沢賢治が描いた理想郷。

その他の鳥

- **ホロホロ鳥**　花巻市の石黒農場が生産し、全国に販売。盛岡だけでなく、東京や横浜、福岡のお店で食べることができる。ホロホロ鳥はアフリカ原産のため寒さに弱いが、花巻に湧き出る温泉を床暖房に使い飼育している。肉質は、野鳥のようなクセや臭みがなく、白身の肉質はやわらかく弾力があり、脂肪分も少なくあっさりとした味わい。ヨーロッパでは、牛肉に匹敵するほど美味といわれ「食鳥の女王」と称される。

―― 県鳥 ―――――――――――――――――――――――――――――――――――

キジ、雉（キジ科） 英名は Japanese（Green）Pheasant。オスは、胸の緑色、赤い顔が美しい。首に白い輪があるのは、高麗雉^{こうらいきじ}。漢字の雉のつくりは、"とり"の意味で、矢のように飛ぶ鳥からきている。命名は、"ききん"とも"けけん"とも聞こえる鳴き声に由来するといわれている。生息域は、平地や山地の農業地、林の藪地、河川敷、草地など。岡山県も県鳥に指定。留鳥。

汁　物

汁物と地域の食文化

　岩手県は、自然・社会・経済などのいろいろな条件によって、雑穀地帯・米作地帯・漁村地帯・豪雪地帯の4地域に分けられていた。各地域にはそれぞれ独特の伝統料理があった。東北新幹線が岩手県内を通るようになり、かつてのような辺地のイメージはなくなった。立派なアンテナショップを東京・銀座（歌舞伎座の近く）に設け、岩手県の産業・観光を広めたことは、他の県に大きな刺激を与えている。

　岩手県北部の雑穀地帯の生産物であるソバを主体とした粉食文化は、「わんこそば」という独特の食べ方を生み、観光名物の一つとなっている。そばを食べるときに必須なものは、だし汁である。少量のだし汁に、いろいろな薬味を加え、具に刺身や筋子も利用するようになっているわんこそばも、食べ方に進化がみられたものと考えられる。

　岩手県の三陸海岸地域の11月から翌年1月頃までは、秋ザケの最盛期である。この時期のサケから取り出した卵巣を醤油・みりんに漬け込んだイクラや筋子は、「はらこ」といい、これをかけそばにのせた「はらこそば」は、三陸地方の郷土料理となった。雑穀地帯の生産物と海産物のドッキングものも岩手県の伝統料理の基礎ともなっている。

　2013（平成25）年放送のNHK連続テレビ小説『あまちゃん』の中に登場した「まめぶ汁」は、メディアが世に引き出した郷土料理の一つである。「まめぶ（豆部）」とは、中にクルミの入った団子である。この団子を野菜などの具の入った昆布とだし汁で煮込んだ団子汁である。もともとは、旧山形村（現・久慈市山県町の一部の集落）だけに伝えられた郷土料理であった。

汁物の種類と特色

　岩手県の山間部は、夏でも冷涼な自然環境の中での主要作物のソバ・ア

　凡例　1世帯当たりの食塩・醤油・味噌購入量の出所は、総理府発行の2012年度「家計調査」とその20年前の1992年度の「家計調査」による

ワ・キビ・ヒエなどの雑穀の栽培は、江戸時代に導入されている。中でもそば料理は現在も岩手の郷土料理として継続している。盛岡市や花巻市を中心に栄えている「わんこそば」は1906（明治39）年頃に登場している。そばの汁物としては、そば粉を練って麺状に仕立てるのでなく、板状に仕立て、三角形にし、これを味噌仕立ての汁とする「そばかっけ」、そば粉を団子にして小豆の汁の中に入れた「浮き浮きだんご」がある。

　三陸地方の久慈市の郷土料理の「まめぶ」は、煮干しや昆布のダシ汁に根菜類、焼き豆腐、クルミを加え醤油仕立てにした汁物である。青森県の郷土料理にもなっている「いちご煮」や「せんべい汁」、クルミだれを付けて食べる塩味の「くるみ雑煮」などがある。

食塩・醤油・味噌の特徴

❶食塩の特徴

　三陸海岸の十府ケ浦海岸の野田村で、地域の海水を、江戸時代から明治時代まで行われていた「直煮製塩」という方法で、煮詰めて作っている。火力はガスバーナーを使用している。

❷醤油の特徴

　岩手県内の醤油や味噌などの醸造食品を作るときに使用する水は、岩手山を水源とし岩盤でろ過された地下水である。地元の「丸大豆醤油」は、岩手山の麓、雫石で長期間の低温熟成で作っている。

❸味噌の特徴

　軽米町では、古くから「豆みそ」が使われている。

1992年度・2012年度の食塩・醤油・味噌の購入量

▼盛岡市の1世帯当たり食塩・醤油・味噌購入量（1992年度・2012年度）

年度	食塩（g）	醤油（mℓ）	味噌（g）
1992	5,013	12,770	11,577
2012	2,600	5,930	8,910

▼上記の1992年度購入量に対する2012年度購入量の割合（％）

食塩	醤油	味噌
51.9	46.4	77.0

　岩手県の人々の食生活が大きく変わったのは、第二次世界大戦後である。

それまでは、「一汁一菜」の食事が多く、1週間に1回はハレの日の食事として一汁五菜と多様な食品や料理を食べ、平素の栄養不足を補っていた。一汁一菜の習慣は、質素な生活を美徳とする儒教の影響によるものと思われている。第二次世界大戦後、欧米風の食生活が導入され、学校給食による栄養教育などから、肉・魚・乳製品などの動物性食品も食べるようになった。欧米風の料理の味付けは、醤油・味噌などの利用の減少も招いている。

　岩手県の人々の食事は、かつては味噌汁や漬物、煮物が多かった。これは、1992年度の食塩・醤油・味噌の購入量が多かった原因である。現在の食事では、野菜サラダを組み込むことも多くなり、日本古来の調味料の使用頻度が少なくなっている。

　また、近年の食塩の過剰摂取による健康障害の発症が問題となり、健康に関わる機関や団体の食塩の適正量の摂取の指導を受け、塩分摂取を少なくする意識が高まっていることも要因の一つである。

地域の主な食材と汁物

　沿岸部はリアス式海岸の三陸地方で海の幸に恵まれている。内陸は北上高と北上川沿いの盆地のため、かつては雑穀類の栽培が多かったが、この地に合うコメや各種の野菜の品種ができるようになった。2011（平成23）年3月11日の東日本大震災前までは、養殖ワカメの生産量が多かった。現在は、徐々に回復している。

主な食材

❶伝統野菜・地野菜
　安家地ダイコン、曲りネギ、二子サトイモ、芭蕉菜、暮坪カブ、地ダイコン、キュウリ、ほうれん草（寒じめほうれん草）、みやもりわさび、はるの輝き（ナバナ）、レタス、キャベツ、アマラサス（ヒユ科）

❷主な水揚げ魚介類
　アワビ、ウニ、昆布、ワカメ、ホヤ、サンマ、スルメイカ、マツカワカレイ、養殖物（カキ、ホタテガイ）、サケ（南部サケ）

❸食肉類
　いわて短角牛、南部かしわ

主な汁物と材料（具材）

汁　物	野菜類	粉物、豆類	魚介類、その他
浮き浮きだんご		小豆、きび粉、もろこし粉	塩、砂糖
ひっつみ	ニンジン、ゴボウ、ダイコン、サトイモの茎、ジャガイモ	小麦粉、油揚げ	鶏肉、味噌仕立て
どんこ汁	ダイコン、ニンジン、ゴボウ、セリ	豆腐	ドンコ（ハゼ科）、醤油または味噌仕立て
久慈まめぶ汁	かんぴょう、シイタケ、ニンジン、ゴボウ	小麦粉、デンプン、油揚げ	クルミ、焼き豆腐、醤油仕立ての澄まし汁
クルミだれ雑煮		餅	クルミ、砂糖、醤油
暮坪カブ汁	暮坪カブ		味噌汁か澄まし汁
さんまのすり身汁	ダイコン、ニンジン、ゴボウ、ネギ	デンプン	サンマ、味噌（すり身に混ぜる）、醤油仕立て
サケの粕だき	ダイコン、ニンジン、ゴボウ、ジャガイモ、ネギ		荒巻ザケの粗、酒粕、塩

郷土料理としての主な汁物

　岩手県は、全体的に、厳しい気候風土と貧しい食料の背景のもとに、素朴な料理が生まれている。一方、リアス式海岸を擁する三陸海岸の郷土料理は、サケ、ウニ、アワビなどの魚介類を使ったものが多いが、2011（平成23）年3月11日の東日本大震災により忘れかけてしまった郷土料理が、復活することを願うところである。

● **さんまのすり身汁**　三陸沿岸の漁港でのサンマの水揚げは、この地区の秋の風物詩である。魚体がやや小さく脂がのっていないものや、鮮度のやや落ちたものは、すり身にし、デンプンや味噌を混ぜて団子状にする。秋から冬にかけての三陸沿岸の家庭料理として親しまれている。すり身団子と一緒に入れる野菜には、ダイコン、ニンジン、ゴボウなどがよい。

味噌は魚の臭みを緩和する働きがある。

- **まめっぷ汁（まめぶ汁）**　九戸郡大野町、久慈市山形町に伝わる郷土料理で、冠婚葬祭や正月などのハレの日の食事として出される。クルミ入りの小粒団子に野菜や鶏肉（昔はキジの肉を使った）を入れた実だくさんの汁物。醤油の汁の味と団子の甘味、コクのよさが調和している。NHK 朝の連続ドラマで『あまちゃん』に登場したまめぶ汁は、久慈市で売っているので、「久慈のまめぶ汁」といわれている。

- **サケの粕だき**　岩手で漁獲するサケを使った塩鮭は、北海道の塩鮭の「荒巻」に比べて、塩の量を多くした「塩引き」が多い。この「サケの粕だき」には、荒巻も塩引きも使うが、塩抜きしてから頭部と腹身の部分を使う。酒粕をたっぷり入れた汁に、サケの頭部や腹の部分を入れて煮込む料理である。捨てるところがなく、全体を有効に使う料理である。野菜は、ダイコン、ニンジン、ゴボウなどを入れる。酒粕が入っているのでコクがあり、サケ特有の臭みを感じない。本来は「粕汁」であるが、「粕だき」の呼び名のほうが、郷土料理のイメージがあるように思われる。

- **どんこ汁**　どんく汁ともいう。ドンコはハゼ科のダボハゼやゴリと同じ仲間である。腹部に2個の吸盤をもつ「鈍（ドン）な魚」という意味で「どんこ」の名がある。ドンコを筒切りして、ダイコン、ニンジン、ゴボウ、豆腐、セリなどを入れて醤油・味噌仕立てにする。

- **ひっつみ**　「ひっつみ」とは、小麦粉を練って固めてひっつまんで（平たい団子にしたもののこと）、汁に投げ入れて作られることに由来する呼び名。汁のなかには、「ひっつみ」の他に野菜を入れる。野菜は家庭によって異なる。

伝統調味料

地域の特性

▼盛岡市の１世帯当たりの調味料の購入量の変化

年　度	食塩 (g)	醤油 (ml)	味噌 (g)	酢 (ml)
1988	5,872	19,383	15,706	2,120
2000	2,863	7,508	9,777	1,848
2010	1,980	7,831	9,842	1,838

　岩手県の地形の特徴は、三陸海岸の典型的リアス式海岸で、奇岩の並ぶ宮古の浄土ヶ浜の景勝は名高い。海岸線の眺望の素晴らしさはよく知られている。またリアス式海岸を生かし、漁港をつくるには向いているが、津波の被害に遭いやすい。平成23（2011）年３月11日の東日本大震災の津波により壊滅した漁港は多く、平成25（2013）年になっても復興の兆しは見られず、不便な日常生活を過ごしている人々は多い。東日本大震災以後、未だに三陸の近海の魚介類の漁獲量も回復していない。リアス式海岸の三陸一帯は、寒流と暖流が交差して流れているところであるから、本来ならウニ・アワビ・ホヤ・サケ・ワカメ・ノリ・コンブなどが豊富である。三陸のウニは泥臭さがないので生ウニ・塩ウニ・ウニの貝焼き（アワビの貝殻にウニを山形にもりつけて焼いたもの）などで賞味されていた。

　調味料に焦点を当てれば、岩手県の有名な郷土料理の「わんこそば」があげられる。「わんこそば」（椀子蕎麦）は花巻が発祥の地で、現在は盛岡市内で盛んである。南部の人々の客に対する心のこもった対応の様子が現れている。そばを主体した郷土料理には「ひっこそば」（櫃蕎麦）、「まつもそば」（松藻蕎麦）、「はらこそば」（腹子蕎麦）、「やなぎばそば」（柳葉蕎麦）などがある。そばを食べるには麺つゆが必要なためか、盛岡市の醤油の購入量は2000年に比べて2010年が多いのは、岩手県のそば料理が地産地消として年々普及していったことも関係しているのではないかと思わ

れる。

　岩手県の郷土料理にはサケ料理も多い。秋から冬にかけて宮古湾に注ぐ閉伊川、津軽石川、大槌川を産卵のために遡上する雌サケは口が小さいが、雄サケは口が大きく歯も鋭く、鼻が曲がっているので、特別に雄サケを「南部鼻曲がり鮭」といわれ、とくに美味しいとの評判である。この南部鼻曲がり鮭の郷土料理「南部鮭のたたき」は、サケのエラを細かく叩き、粘りがでたものを、粗くおろしたダイコンと混ぜ、さらに麹・味噌・砂糖・酒で調味し、1週間ほど漬け込んでから賞味する。麹を使っているところは、麹を使った調味料の応用とも考えられる。味噌を使うことにより、生臭みをマスキングする効果が期待できるなど、理にかなった漬物といえる。

知っておきたい郷土の調味料

醤油・味噌

- ●**岩手県の醤油の特徴**　岩手県の醸造食品の水は、岩手山の岩盤で濾過された地下水を汲み上げて利用しているところが多い。岩手県工業技術センターの分析によると、JAS製品を対象としてアミノ酸濃度や粘度を調べた結果、製造時期や製品の規格区分によってアミノ酸濃度や組成にわずかな差がある。また、一部には機能性成分として知られている γ－アミノ酪酸の蓄積を認めている。これは醤油の成分のグルタミン酸由来と考えられる。なお、県内には醤油・味噌の醸造会社は15社ほどある。例えば、宮田醤油（雫石）、大徳屋商店（遠野）、佐々長醸造（花巻）、八木澤商店（陸前高田）などがある。

- ●**岩手　丸大豆しょうゆ**　岩手山の山麓、雫石で長期間の低温熟成で作っている。寒暖の差の大きい温度変化を利用した二段仕込みを繰り返して発酵・熟成をした醤油である。塩分は15.50％、総窒素量が1.75％。まろやかな味とコクの深みを感じる（宮田醤油製）。

- ●**醤油・味噌のほかに「みそパンデロウ」「みそチーズケーキ」も作る醸造会社**　八木澤商店は各種の醤油（濃口、淡口）や味噌（赤味噌、白味噌）の製品を製造するだけでなく、「みそパンデロウ」や「みそチーズケーキ」などのスイーツ、醤油せんべいなども製造販売している。その他、ごまだれ、濃縮つゆ、味付けポン酢、醤油ドレッシングなどソース、

ドレッシング、麺つゆも開発している。

- **生醤油や鍋用醤油も作る佐々長醸造**　生醤油のほか、野菜料理向きの醤油ドレッシング、鍋用の醤油、煮物向きの醤油、三陸海岸で漁獲されるウニを閉じ込めた「ウニしょうゆ」など、用途別の醤油を開発している。ウニ醤油は卵かけご飯にも向くがそのままご飯にかけてもよい。福井県にもウニ醤油がある。どんな料理も楽しむことができるという目的で作った味噌も販売している。

- **ピッ辛醤油**　西和賀町特産の青トウガラシを本醸造醤油に漬け込み、これに麹を加えてから、1年間発酵・熟成させた辛味醤油。奥羽山脈の豪雪地帯にある昔からの郷土料理。みりん、カツオ節エキス、砂糖、うま味調味料も入っているので、醤油の香ばしさと青トウガラシの辛味のほかに、甘味とまろやかさもある。万能だれとして使われる。焼肉のタレ、納豆の辛味や豆腐の醤油味にも使われる。西和賀町の「菜の郷にしわが」などで販売。

食塩

- **のだ塩べこの道**　三陸海岸の十府ヶ浦海岸の野田村で作られている。この地域の海水の塩分濃度は3.0%。江戸時代から明治時代まで行われていた直煮製塩を復活して行われている。昔は薪を焚いて火力で海水を煮ていたが、現在は鉄の平釜に海水を入れ、バーナーによる火力で煮詰めている。

郷土料理と調味料

- **どんこ汁**　どんく汁ともいう。ドンコはハゼ科の小魚で、ダボハゼ・ゴリ・カジカの類である。ドンコを筒切りにし、ダイコン・ニンジン・ゴボウ・豆腐・セリを入れ、好みにより醤油か味噌仕立てにする。一関の名物料理である。

- **なすのかんぼ煮**　小さなナスに、針で穴をブツンブツンと開けて、砂糖汁がよくしみ込むようにする。これを砂糖煮にする。一関地方の郷土料理である。

- **岩手県のそばとそばつゆ**　岩手県内には、宮古名物に南部の鼻曲がりサケの腹子（卵巣）を入れた「腹子そば」、遠野名物に四段重ねの丸形の

曲げ物（弁当箱）にそばのほか、薬味としてネギ・ワサビ・のりを入れた「ひつこそば（櫃蕎麦）」、三陸の久慈に汁そばに乾燥したマツモをのせる「松藻そば」がある。また、遠野地方には、そばの生地を柳の葉の形にかたどり、茹でて酢味噌をつけて食べる「柳葉そば」もある。花巻が発祥の「椀子そば」は有名である。朱塗りの小さい椀に一口ずつそばを盛り、何杯も食べる。この時の薬味は、筋子・マグロ・鶏肉そぼろ・おろしダイコン・ナメコ・クルミ・ネギ・海苔・カツオ節・紅葉おろしなどいろいろなものが使われる。これらのそばは、醬油・だし汁を合わせた麺つゆを使う。

- **盛岡じゃじゃ麺**　手打ち風うどん上に、ひき肉・シイタケ・すりゴマ・味噌を混ぜて炒めた肉味噌を盛る。さらに、千切りしたキュウリ、白髪ネギをのせて食べる。ときには、酢、ラー油、おろしニンニク、おろしショウガを加えて食べる。最後は、残した肉味噌に、茹で汁、生卵または半熟卵を加えて混ぜて飲む。

───── **岩手県のスーパーの逸品調味料と漬物など** ─────

- **富士こいくちしょうゆ**　名前の由来は「富士のように日本一美味しいお醬油を」の願いによるとのこと。塩辛さ（しょっぱさ）より甘さが際だつ、三陸・釜石の特色ある醬油。醬油をかけることだけでなく、煮物やほとんどの醬油を使う料理に向くので、地元漁師に人気の醬油である(勝勇醸造製)。
- **岩泉みそ**　岩泉地方の山里の味を感じる味噌。40年以上前から夏でも麹が活発に働くように昔ながらの方法で味噌づくりをしたもの（岩泉味噌醸造製）。
- **金婚漬け**　ウリの芯をくり抜き、シソと昆布に巻かれたニンジンやゴボウを詰めて調味した醬油に漬けたもの。漬物の汁の中でじっくり熟成したものは、時間がたつほどいい味となることから、夫婦になぞらえて「金婚」の名前がつけられた。花巻の伝統食品の一つ（道奥製）。
- **しわきゅうり**　生産地の紫波（しわ）町とキュウリの表面の皺（しわ）の両方の意味として「しわきゅうり」の名のある乳酸醗酵をさせた醬油漬け。4カ月間以上も熟成させる。パリパリの食感のある漬物（青三製）。
- **豚豚みそ**　もち豚と地場産の米みそ、砂糖、長ネギ、ショウガなどで作ったつけ味噌。

発　酵

浄法寺漆

◆地域の特色

　北は青森県、西は秋田県、南は宮城県と境界を接している。面積は1万5275.01km²で、北海道に次いで2番目に広い。約125万人の県人口のうち100万人以上は、内陸部の北上盆地に集中している。盆地と海岸部以外は山地や丘陵地が多い。県北部は幕藩時代における南部藩の南東部、県南部は伊達藩の北部であったため、「南部」というと県北部のことを指す。内陸の那須火山帯の麓は日本海側気候、それ以外の地域は太平洋側気候であり、内陸部は夏は暑く冬が寒い。太平洋側沿岸部は海洋性気候で夏は涼しい。北部内陸部は、寒さが非常に厳しく、特に藪川は冬季に−30℃近くまで冷え込むこともあり、本州最寒地として有名である。

　県内全域が豪雪地帯に指定されているが、西和賀町と八幡平市は積雪量がかなり多く、特別豪雪地帯に指定されている。一方、太平洋側に位置する宮古市、大船渡市などは積雪量は多くない。

　農業産出額は2609億円（2016（平成28）年）で、食料自給率は106％であり、北海道や青森県、秋田県、山形県などとともに、自給率100％を超える数少ない県の一つである。穀物生産、畜産業などが伝統的に盛んである。水産業では、三陸海岸周辺が黒潮による豊かな漁場として知られている。リアス式海岸の岩礁ではワカメとアワビの養殖が盛んで、生産高全国1位である。

◆発酵の歴史と文化

　南部杜氏（なんぶとうじ）は、岩手県石鳥谷町（いしどりや）を拠点とする、全国最大規模を誇る日本酒造りの杜氏集団である。

　南部杜氏の発祥については、江州高島（滋賀県高島市）の近江商人村井権兵衛が1678（延宝6）年、池田流と呼ばれた上方の技術を用いて酒造りを始めたのが始まりとされ、紫波町上平沢には、「南部杜氏発祥の地」と刻

まれた石碑が立っている。

その後、南部藩が主体となり、商人や農民に至るまで一体となった酒造りプロジェクトが進められ、1681（延宝9）年には領内の造り酒屋の数は189軒を数え、1798（寛政10）年には江戸からの注文を受けるまでになったといわれる。現在の石鳥谷には藩の御用酒屋があり、藩主に献上する御膳酒を造る杜氏である酒司が住んでいた。御膳酒はここから盛岡へ運ばれていったという。藩造酒の技術は広く農民にも伝承され、やがて藩領の外へ出稼ぎに行く杜氏たちを生み出すことになり、今日の国内最大規模の流派の形成につながったといわれている。

◆主な発酵食品

醤油　浅沼醤油店（盛岡市）、宮田醤油店（盛岡市）、佐々長醸造（花巻市）、八木澤商店（陸前高田市）、大黒醤油（九戸郡）などで、岩手産の大豆と小麦を使った醤油が製造されている。

味噌　南部味噌は岩手県から青森県東部で造られている。大豆の割合が9割と多い赤色の辛口味噌である。香りが濃厚なので肉や魚などの臭みを弱め、旨みを引き出す。佐々長醸造（花巻市）、木津屋みそ店（盛岡市）、麹屋もとみや（八幡平市）などで造られている。

日本酒　奥羽山脈と北上高地の山々が連なり、豊かな自然が残る岩手の大地にしみ込んだ水は、ミネラル分豊富な水として地表に湧き出し、米を育て良質な仕込み水となる。そして、日本三大杜氏の一つに数えられる酒造り集団「南部杜氏」の技術で岩手の酒はでき上がる。岩手県オリジナルの酒造好適米「吟ぎんが」や「ぎんおとめ」も栽培されるようになった。

約20年前から、本格的に世界展開に乗り出し現在30以上の国に輸出する南部美人（二戸市）のほか、1772（安永元）年創業の菊の司酒造（盛岡市）、あさ開（盛岡市）、酔仙酒造（陸前高田市）、喜久盛酒造（北上市）、わしの尾（八幡平市）、赤武酒造（盛岡市）、川村酒造店（花巻市）など約25の蔵がある。

ワイン　1962（昭和37）年創業のエーデルワイン（花巻市）のほか、岩手くずまきワイン（岩手郡）、紫波フルーツパーク（紫波郡）などで造られている。

ビール　　銀河高原ビールを造る東日本沢内総合開発（和賀郡）、遠野産ホップを使用したビールを造る上閉伊酒造（遠野市）のほか、世嬉の一酒造（一関市）などで造られている。

リンゴ酢　　浅沼醤油店（盛岡市）では、岩手県産リンゴを静置発酵させたリンゴ酢を製造している。

柿酢　　甲子柿は釜石甲子地区で育った渋柿の一種で、煙でいぶして甘さを凝縮させた釜石の特産品である。この甲子柿を使って発酵させた昔ながらの醸造酢である。この柿酢を使用した飲料「柿酢サイダー」も造られている。

どぶろく　　「日本のふるさと再生特区」（通称、どぶろく特区）の認定第1号を受けた遠野ふるさと公社（遠野市）で、さまざまなどぶろくが造られている。

すし漬け　　県内一積雪量の多い西和賀町で作られている魚の発酵食品である。皮をむいたハタハタやホッケを、塩を加えた酢に一昼夜漬け、ご飯と麹を混ぜ、さらに一昼夜寝かせる。樽に麹を振り、輪切りにしたカブ、花型に切ったニンジンの上に魚をのせ、ニンジン、フノリ、麹の順に繰り返し重ねて漬ける。最後にササの葉をのせ、空気が入らないように重石をして10〜15日発酵させる。

金婚漬け　　ウリの芯をくり抜き、ダイコンやニンジン、ゴボウ、シソなどを昆布で巻いて詰め込み、味噌や醪に漬けた花巻地方の名産品である。名前の由来は、古くなるほどおいしくなることからとも、その形が陸中海岸のナマコ（キンコと呼ばれる）に似ていることからともいわれている。金婚漬けのように詰め物をした漬物は、関東や関西では「鉄砲漬け」と呼ばれるが、金婚漬けは昆布を使うのが特徴である。

雪納豆　　県中西部の山あいの町、積雪量県内一の西和賀町の伝統的な納豆である。大豆を煮て稲わらのわらづとに包み、1mほど掘った雪穴の中で2日間発酵させて作られる。

発酵バター　　生乳をクリームと脱脂乳に分離し、クリームに乳酸菌を添加し、半日以上かけて発酵させる。その後、クリームを撹拌することで米粒状のバター粒を形成させ、この粒を集めたものが発酵バターとなる。バター本来のコクと、乳酸菌の働きによる豊かな香りが醸し出される。岩手山南麓に位置する小岩井農場では、1902（明治35）年か

ら生産が始まった。その他、なかほら牧場（下閉伊郡）などでも生産されている。

ごど　　宮古市周辺に伝承されている発酵食品で、味噌用の大豆の煮汁に、小麦の製粉で残る外皮のふすまから作った麹と塩を入れ、約10日間発酵させることによって作られる。青森県などの「ごど」とは違い、大豆そのものは含まれない。

◆発酵食品を使った郷土料理など

ひっつみ　　小麦粉に卵と水を加えてこねた生地を醤油ベースの鍋へちぎって（ひっつまんで）投入した汁物の料理である。作り方から名前が付いている。「とってなげ」とも呼ばれる。

芋の子汁　　サトイモにこんにゃく、ゴボウ、長ネギ、鶏肉、キノコなどを、醤油や味噌で煮込んだものである。作り方はさまざまで、サトイモ以外はこれといった決まりはない。毎年10月中旬頃に水沢公園で行われる「水沢産業まつり」では、大鍋で作った6000人分の芋の子汁が無料で振る舞われる。

納豆汁　　味噌味の汁物で、納豆のほかに、キノコ、ワラビ、高菜漬け、豆腐などを入れる。体の温まる雪国の郷土料理である。

味噌ばっけもち　　「ばっけ」とはフキノトウのことで、フキノトウとクルミと味噌を和えて焼いたものである。おやつや酒の肴として食べられている。

凍み大根の煮物　　輪切りにし、茹でてから寒風のある場所や軒下などに吊るしておき、凍結と乾燥を繰り返したダイコンを醤油とだしで煮たものである。

わんこそば　　一口大のそばを客が食べ終わるたびに、給仕がそのお椀に次々とそばを投げ入れ、客が満腹になりふたを閉めるまで続けるという食べ方が特徴である。薬味には、鰹節、ネギ、海苔、大根おろしなどのほか、イカの塩辛やとろろなど多彩である。

ひゅうず（かますもち）　　二戸市などの沿岸地方に伝わる、クルミと黒砂糖を味噌で練った餡を小麦粉の皮で包んでから茹で上げた食品である。外見はワッフルか餃子に似ているが、名称の「ひゅうず」は火打ち道具の火打ち金に外見が似ていることが由来とされて

おり、かますもちの別名もある。田植え時のおやつや、お盆の供物として作られた。

盛岡冷麺　　　麺は、小麦粉と片栗粉などを用いた生地に強い力を加え、麺の太さに合わせた穴から押し出して作られる。これは、スパゲッティなどのパスタと同様である。ダイコンのキムチのほか、スイカ、リンゴなどの果物がのせられる。スープは、酢、醤油、鶏ガラなどが用いられる。

盛岡じゃじゃ麺　　　「炸醤麺（ジャージアンミエン）」をもとに、盛岡の人の舌に合うようにアレンジを繰り返し、「じゃじゃ麺」としての独特の形を完成させたといわれる。中華麺とは異なり、じゃじゃ麺用の平打ちうどんに、特製の肉味噌とキュウリ、ネギ、ラー油や酢をかけて食べる。

◆特色のある発酵文化

浄法寺漆　　　二戸市浄法寺町を本拠として活動する漆掻き職人が、岩手県北部や青森県南部などの漆の木から採取した生漆のことを指す。浄法寺漆は、国産の約7割と日本一の生産量と高い品質を誇る。

　収穫した漆樹液は1～2年置いておくと、混入した樹皮などに付いている嫌気性微生物が漆樹液中の糖分を分解して発酵が始まる。そのときに気泡が出るので、発酵の状態がわかる。一般的に、発酵は掻いたその年にピークを迎えて終息していくといわれる。漆はウルシオールを主成分とする天然樹脂塗料であるが、発酵により不要な糖分などが除去されることにより品質が安定する。

◆発酵関連の博物館・美術館

南部杜氏伝承館（花巻市）　　　南部杜氏による酒造りの伝統文化を保存、伝承する施設である。実際に酒蔵として使われていた土蔵を解体し、移築復元した建物で、内部には酒仕込み用桶や、各種の酒造用具などが展示されている。

世嬉の一　酒の民俗文化博物館（一関市）　　　昔ながらの酒造りを紹介する施設で、米作りに関する昔の農機具なども展示されている。

◆発酵関連の研究をしている大学・研究所

岩手大学大学院応用生物化学科　　発酵食品の微生物や、香気成分の生成機構などの研究が行われている。

コラム　ショウジョウバエと吟醸酒

　新酒ができ上がった3月頃に、鑑評会と呼ばれる日本酒の審査会が開かれる。リンゴのような香りの高い吟醸酒がずらりと並んだ利き猪口に注がれると、どこからともなく小さなショウジョウバエが現れることがある。香りの高いお酒には、たくさん集まる傾向があるので、お酒の審査に使えるのではないかと考えた人もいたという。

　ショウジョウバエは、大学などで遺伝学の材料として古くから研究されている、目の赤い小さなハエである。漢字では、猩々蝿と書く。猩々とは、架空の動物を指す言葉であったが、現在ではオランウータンのことを猩々と書くこともある。能の演目である「猩々」では、真っ赤な能装束で飾った猩々が、酒に浮かれながら舞い謡う。このことから、大酒飲みや赤色のものを「猩々」というようになった。

　そもそも、ショウジョウバエは、お酒に縁のあるハエということができる。

和菓子 / 郷土菓子

遠野けいらん

地域の特性

　北海道に次いで最も面積が広い県。宮城、秋田、青森の3県に隣接し内陸部の大部分は山岳丘陵地帯で、西側に奥羽山脈、東部に北上高地がある。その間の平野部に北上川が太平洋に流れている。沿岸部は代表的なリアス式海岸で、沖合は黒潮（暖流）と親潮（寒流）が交錯する世界3大漁場となっている。

　しかし、2011（平成23）年3月11日に発生した東日本大震災津波では、沿岸部を中心に甚大な被害を受けた。各地の漁業基地は壊滅状態となり、多くの人命が失われてしまった。最近（2015〈平成27〉年）、復興の兆しもみえ、漁船や漁港、市場の整備も進み魚獲量も増加しつつある。

　県内の気候風土は厳しく、食料も豆類や雑穀類に頼ってきた。しかし近年健康志向とともに、岩手スタイルの生活や食生活が広く見直されている。

地域の歴史・文化とお菓子

方長老と黄精飴
ほうちょうろう　おうせいあめ

①盛岡の文化に貢献

　江戸時代の初期、盛岡藩には訳あって御預けの身となった2人の立派な文化人がいた。1人は福岡藩黒田筑前守（黒田官兵衛の子孫）家老栗山大膳で、1633（寛永10）年黒田家の内紛により配流となった。もう1人は対馬藩の朝鮮外交のスペシャリストで臨済宗の僧・方長老（規伯玄方）。
ほうちょうろう
彼は幕府と朝鮮政府の板挟みとなり、2年後の寛永12年、やはり盛岡藩に御預けとなった。2人は旧知の間柄で、当時国内に知られた教養人で優れた知識をもっていた。そのため盛岡藩も厚遇し、2人は当地の学問や文化に貢献した。

中でも方長老は赦免までの24年間、盛岡の産業（清酒、味噌、醤油の醸造や、南部鉄瓶の製作等）に寄与し、商人道の教えも説いた。造園技術も巧みで、市内の法泉寺庭園はその１つである。

②岩手の山中で妙薬発見

　方長老の盛岡での大きな仕事は「黄精（おうせい）」の発見であった。「黄精」は漢方薬で中国雲南省に自生するユリ科アマドコロ属カギクルマバナルコユリの根茎のことだが、方長老は岩手の山中で外形も似て薬効も変わらないユリ科アマドコロ属のナルコユリ（鳴子百合）を見つけこれを「黄精」として栽培加工した。

　「黄精」は漢方で補気（はき）、潤肺（じゅんはい）、強壮の効能があり、胃腸虚弱や慢性肺疾患、糖尿病、病後の食欲不振、咳嗽（がいそう）、栄養障害に用いられた。

③菅江真澄が見た盛岡の「黄精」売り

　菅江真澄は江戸後期の民俗学者で、1788（天明８）年に盛岡を訪れその著書『岩手の山』に「中津川の畔を歩いていると、この地の産物の黄精（盛岡ではアマドコロ）を蒸して売る店が軒を連ねているが、多くが偏精（和産のアマドコロ）で正精（本物・中国産）はまれであろう。中津川の橋を渡っていくとやはり黄精を売っていて『黄精膏もあるのでみやげにどうぞ』と呼びかけられた」と記している。

　菅江真澄は本草学や漢方にも造詣が深く、一時弘前藩の薬事係をしていたので黄精に詳しかった。

④江戸でも知られた南部の「黄精」

　当時南部の黄精は江戸でも名高く、平賀源内の『物類品隲（ぶつるいひんしつ）』（1763〈宝暦13〉年刊）に「黄精に偏精正精の別あり、本邦に所産の物はみな偏精にして正精はなし、偏精所在に多し、南部産上品茎葉甚大なり……」とある。

　江戸時代の民間では黄精ブームがあり、砂糖漬けの黄精や黄精に砂糖を加え焼酎に漬けた「黄精酒」もあり滋養強壮薬として知られ、俳人小林一茶も愛飲していたそうだ。

　盛岡地方では、昔からアマドコロの根茎をとろ火でゆっくり煮て、その煎汁に黒砂糖を加え、器物に分けて売っていた。菅江真澄が記した「黄精膏」はそれを指し「薬菓子」として売られていた。

「黄精飴」の誕生

　さて、盛岡銘菓の「黄精飴」だが、これは1853（嘉永6）年創業の長沢屋の初代阿部重吉が、黄精の滋養強壮効果に着目し、アマドコロの根茎の煎汁を求肥飴に加えて製造販売したものである。

　「黄精飴」の誕生は、方長老の時代から約200年後だが長沢屋は現在で6代目である。昔どおりアマドコロの煎汁にもち米、水あめ、砂糖を混ぜ求肥飴を作り、仕上げに片栗粉をまぶしている。

　優しい薄茶色の黄精飴は、生薬入りで苦そうだが、口に含むとほのかな甘さと微かに薬草の香りがし、求肥のもちもち感が茶菓子の雰囲気を出している。その食感が何代にも渡って愛好者を魅了してきた。アマドコロは年々品薄になり、現在は八幡平に自生する物を採取しているという。

行事とお菓子

①小正月のミズキ団子

　県内でミズキ団子というと、こめ粉におから（豆腐の殻・きらず）や砂糖、塩を加えお湯で捏ね、団子に丸めて茹でたもの。これを紅や緑に色付けして豊漁、豊作を祈願し水木（火を防ぎ水を守るとされる）の枝に飾る。ミズキ団子は別名「きらず団子」ともよばれ、こめ粉の増量のために豆腐殻を混ぜるわけで、普段のコビル（おやつ）にも食べられてきた。地域によって水木の枝には、団子の他に作り物のタイや七福神なども飾る。

②宮古の小正月行事「コーロコロ」

　「鳥呼び」という行事で、1月15日夜か16日早朝に子供たちが賽の目に切った餅やきらず団子、ミズキ団子を「コーロコロコロ」とカラスを呼びながら投げ与え、苗代や田畑を荒らすなと願い事を唱えながら集落を歩く。

③釜石の「するめっこ釣り」

　豊漁祈願の小正月行事。子供たちが漁師に扮してスルメやイカの模型を釣り竿に下げ、元気よく漁家に大漁を伝え、お目当ての菓子や祝儀を貰い、顔に墨を塗られる。

④雛祭りの花饅頭

　北上川に沿った盛岡、花巻、遠野市周辺地域で3月3日に作られる雛菓子。花団子、花餅ともよばれもち米粉、うるち米粉を混ぜて彩色した餅皮に餡を包み、花や兎、桃などを木型で押して蒸し上げたもの。彩りもよく

愛らしい。家々に飾られた素朴な土人形・附馬牛人形や花巻人形に供える。

⑤二戸・福田の人形祭りと南部煎餅

　「虫送り」行事で、8月16日（元は7月）に大きな男女2体の麦藁人形を作り、稲の害虫や疫病退散を願う。人形が集落を巡回すると、行列の先頭には「煎餅持ち」といって南部煎餅を糸で下げた棹を担いだ人がいて、人々は事前に自分の身体の悪い部分を煎餅に移し、その煎餅を糸で括って煎餅棹に掛けて無病息災を祈る。最後に人形と煎餅は、安比川に流される。

⑥お盆のひゅうじ

　お盆のお供えに欠かせないもので、捏ねた小麦粉の皮で、胡桃入りの黒糖味噌餡を包み、半月形にして口を閉じて茹でる。かま餅、きんか餅ともよぶ。ひゅうじ（ず）は火打石のこととか。

⑦婚礼や小正月の「けいらん」

　遠野市の名物で、餡入りの鶏卵型の餅を茹でて汁ごと椀に盛っていただく。南部領に伝わる古い食法の「鶏卵羹」。中国の元宵節や冬至に食べる「湯圓」とよく似ている。

知っておきたい郷土のお菓子

- **南部煎餅**（青森東部・岩手北部）　旧南部領の郷土菓子で小麦粉煎餅。昔は各家庭には南部鉄製の手焼型があり、煎餅は家々で作られていた。由来は南北朝時代、この地方を訪れた長慶天皇に、家臣がそば粉を練り胡麻を振りかけ鉄兜で焼いて差し上げたといわれる。南部藩の兵糧だったという説もある。現在は落花生や胡桃入りがあり、水飴を挟んだものがある。赤飯も挟んで食べる。近年有名になった煎餅汁は、白焼きの煎餅を醤油味の汁に入れる。

- **南部駄菓子**（青森東部・岩手北部）　黄な粉、もち米、黒砂糖、水飴を使い冬の保存食として作られてきた。味噌パン、あんこ玉、黄な粉捻りなどがある。駄菓子は腹持ちもよいことで、かりん糖は種類も多くサイズも大きい。

- **豆銀糖**（盛岡市）　特産の青豆の黄な粉に砂糖、水飴を加え練り固めたもの。南部藩の銀の延べ棒を模し、切れ目を離すと1分銀の形になる。「猿屋おこし」の別名がある。1716（享保元）年創業の「ゆうきや」が知られる。

- **からめ餅**（盛岡市）　もち米粉に水飴、胡桃を加え蒸したもの。南部領を視察中の奉行が貰った山芋から砂金層を発見、喜んでザルを持って踊ったのが「からめ節」の最初ともいわれる。からめは金銀を精選する作業の意。

- **うちわ餅**（盛岡市）　もち米粉とそば粉を捏ねて餅にし、串に刺して上から圧し団扇状にする。茹でてエゴマ味噌を付けて焼く。お茶餅ともよぶ。

- **南部餅と味付けおふかし**　盛岡市内の丸竹茶屋は毎日搗き立ての餅が食べられ、胡桃たれの南部餅が人気。もち米を蒸籠で蒸し、さらに何回も醤油をかけて蒸す金時豆入りの「味付けおふかし」は盛岡の郷土食で、お盆やお彼岸に欠かせない。

- **南部双鶴**（盛岡市）　盛岡銘菓。丸基屋の菓子で、藩主南部家の家紋を型にし、大麦の煎り粉（香煎）、砂糖、水飴で作った打ち物菓子。

- **きりせんしょう・花餅**（盛岡市）　盛岡地方の雛菓子。切り戦勝とも書く。山椒は入らないが基本は米粉、黒砂糖、醤油味のゆべし。この生地を花形にしたのが花餅でかつては家々で作った。市内の和菓子店で販売している。

- **岩谷堂羊羹**（奥州市）　江戸前期からの歴史があり、高温で長時間煉り上げたコシとコクのある羊羹。岩谷堂は地名で岩城氏の城下町であった。

- **田むらの梅**（一関市）　松栄堂の銘菓。一関藩中興の祖・田村建顕侯を偲び作られた菓子。梅肉を加えた白餡を求肥で包み、蜜煮の青紫蘇の葉でくるんである。甘酸っぱさと紫蘇の風味がマッチしている。

- **郭公団子**（一関市）　厳美渓にある名物団子。ゴマ、餡、たれの3種の串団子で、注文すると渓谷を横断してロープで運ばれて来る。

- **しだみ団子**（野田村）　郷土のおやつ。しだみはドングリで、昔は救荒食であった。殻を取り灰汁で渋を抜き、1日煮て黒砂糖を加えると黒い餡になる。これを小麦粉の団子生地で包み熱湯で茹でる。

- **松焼き**（遠野市）　茶通に似た遠野のお茶菓子。小麦粉生地を緑に染め三階松の形にし、餡を包み表面に黒ゴマを散らした焼き菓子。「鶴乃屋」製は、冬には砂糖で雪を表す。「鶴乃屋」では雛節供の「花饅頭」も作る。

- **明けがらす**（遠野市）　郷土菓子。米粉に砂糖、クルミやゴマを混ぜかまぼこ型にして蒸し、5mm幅に切る。切り口の胡桃の形が「明け烏」

にみえるところからの菓銘。盛岡市内でも売られている。

- **がんづき**（遠野市・一関市）　郷土菓子。小麦の蒸しパンのような菓子で遠野では冠婚葬祭の引き出物とされた。小麦粉に黒砂糖、重曹、牛乳、卵、米酢、醤油、胡桃、胡麻を混ぜ円形に成形して蒸し器で蒸す。丸い生地の上に散らした胡麻が鴈の群れにみえるという。遠野伝承園では「けいらん」とともにいただける。隣県宮城には、重曹を使わないがんづきがある。

乾物 / 干物

盛岡冷麺

地域特性

　岩手の名称は、「羅殺鬼」という鬼の悪事を、人々の信仰を集めていた「三ッ石さま」が懲罰し、二度とこの地を荒らさないという鬼に、岩の上に誓約手形を残させたという故事から来たとされている。

　北海道に次ぐ面積を持ち、その広さは日本の面積の4％を占める。西に奥羽山脈、東に北上高原が広がり、中央を北上川が流れる。海岸線はリアス式海岸で、天然の漁獲が豊富な条件を有しており、黒潮、親潮、津軽暖流と3つの海流が交錯していることから、有数の漁場環境にある。

　三陸海岸は東北地方の陸奥、陸中、陸前の3つの令制国三陸にまたがる海岸で、青森県東南部鮫角から岩手県、宮城県東部の万石浦までの総延長600kmあまりの海岸である。三陸海岸の海はリアス式海岸で、深く切り立つ海岸は親潮と黒潮がぶつかることによって魚が集まる。さらに、海岸線沿いには山や森林が広がり、その山々から流れる川から、プランクトンを育てるミネラルたっぷりの水が三陸の海に注ぎ込まれる。プランクトン豊富な三陸の海で育った海藻は数多く、高級品としての定評がある。

知っておきたい乾物 / 干物とその加工品

雑穀　昔は冷害などで米の育ちにくかった二戸郡周辺は、古くから雑穀を栽培してきたことから、今も多くの雑穀が作られている。

稗（ひえ）　イネ科の一年草で、ヒエの種子を乾燥したもの。日本では古くからキビ、アワなどと同様に重要な作物として栽培されてきた。中国東北部、雲南省、朝鮮半島などで多く栽培されてきたが、日本でも昭和初期から米が増産されるに従い、食物としてよりも小鳥の餌や飼料が多くなった。近年は栄養価が高く、食物繊維も多いので健康食品として見直されてきている。

　米より短期間で収穫できることと共に、荒れ地でも育つことから、五穀

豊穣作物として珍重された時代があった。北海道アイヌにも神聖な作物として、尊ばれて、ピパヤとも呼ばれている。

　特に寒冷地である北海道のやせた土地でも実り、麦や大豆の輪作としても利用され、ほかの雑穀と混ぜて五穀米、おかゆにして食べられている。タンパク質は米、麦より良質で、カルシウム、ビタミンB類も多く含んでいる。

南部小麦　　岩手県南部小麦は、外国産と比べてタンパク質が高い中間型小麦で、うどんなど乾麺にすると、非常に腰の強い、滑らかなモチモチ食感の麺となり、冷麺にすると、喉ごしのよい、しこしことした食感に仕上がる。

盛岡冷麺　　盛岡冷麺は、小麦粉に片栗粉を混ぜ練り合わせ、円筒の中にエアポンプ式に圧力で押し込み、穴から抽出することで圧力熱が加えられてできた麺がアルファー化されたのが特徴である。もとは北朝鮮からの在日朝鮮人が持ち込んだといわれている。そのアルファー化麺は、ゴムのように固く伸びているために、日本人に受け入れられるまでにはかなりの時間がかかった。

　盛岡市内の「食道園」や「ぴょんぴょん舎」などが有名である。平壌や韓国式冷麺は蕎麦粉を入れるが、岩手冷麺は蕎麦粉は入れない。冬の食材であったが、今は1年中食べられている。

わんこそば　　県北部二戸郡や一戸などは冷涼な気候風土に恵まれ、容器の名前木地椀から、わんこそばの乾麺を食べるようになった。また、そばかっけ、柳ばっとなど伝統的な蕎麦料理がある。

ひっつみ　　岩手小麦農林1号を水でこねた小麦粉を手で薄く延ばしながらちぎり、鶏肉、人参、ゴボウ、きのこを醤油ベースのつゆに入れる。「手で引きちぎる」ことを方言で「ひっつみ」という。はっと（郷土料理）、胡麻せんべいなどが乾物小麦加工品として市販されている。

じゅうね「えごま」　　正式には「えごま」といい、東北地方の岩手県では「じゅね」「じゅうねん」などと呼ばれている。古くから栽培されている雑穀の1つで、戦後は作付けが減ってしまっていたが、近年の健康食ブームから作付けが再び始まり、「産地」になってきた。シソ科の食物で種実や葉が食べられるだけでなく、食用油を取れるエゴマは、インドから中国中南部が原産地と推定され、日本へ渡来し

たと思われる。

エゴマをすりつぶし、むいた後に袋に入れて搾り取る。エゴマは α-リノレン酸を多く含み、皮膚の健康に欠かせない必須脂肪酸である。アトピー性皮膚炎に対して効果があるとされている。

たかきび　食用タカキビは、餅種で色はダークブラウン（赤褐色）である。粒の大きさは米粒くらいで、半日ほど水に浸して柔らかくしてから炊き上げる。弾力のある食感とコクのある味がある。炊き上がりの色がひき肉に似ているため、代わりにハンバーグの具材として使ったりご飯に1割くらい混ぜて食べるなどがある。

赤ワインと同じポリフェノールを多く含んでいるので、人気がある。粒と乾燥した粉末が市販されるようになった。

いなきび　アワより大きく、実の色は鮮やかな黄色である。卵のようなコクがあるので、「エッグミレット」と呼ばれている。黄色い小粒の餅米という感じから、おはぎやキビ餅としても活用される。亜鉛を多く含むため、味覚を正常に保ったり、感染症の予防などの効果が期待される。食べやすく、ほのかな甘みがあるため、地元岩手県では人気が高まり始めている。

アマランサス　ヒユ科の一年草で、その歴史は古く、アンデス山脈南部でアステカ族が種子を食用として栽培していたとされている。トウモロコシや豆類に匹敵する重要な作物として栽培され、日本には江戸時代に主に観賞用として伝来した。東北地方では、小規模であるがアカアワの名前で栽培されるようになり、軽米地区で穀物として現在栽培されている。

また、秋田県の山間地や九州地方などでも水田転作物として栽培されている。タンパク質、カルシウム、鉄分などを多く含み、葉クセがないのでおひたしにしたり、天ぷらにもできる。葉は野菜、種子は穀物、花は観賞用と三拍子そろっている。

つのなしおきあみ　岩手県三陸産で、当地では通称「素干しあみえび」と呼ばれる。カルシウムや抗酸化作用があるアスタキサンチンが豊富で、身がしっかりして味や風味がよく、成熟したおきあみである。そのまま野菜サラダやお好み焼き、かき揚げ、塩辛、キムチ漬けに利用されている。また、魚釣りの混ませとして釣り餌に使うことが

多い。

南部煎餅（せんべい）　煎餅の原料に小麦粉と胡麻を多く使い、塩で味付けしたシンプルな煎餅である。携帯食として作られたもので、適度に割れやすく、歯ざわりよく、今は故郷の土産として売られている。

松藻（まつも）　褐藻類イソガワラ科マツモ属の海藻であるマツモを乾燥した製品。形が松葉に似ていることからこの名が付いたといわれている。岩手県三陸海岸などで高値で取引がされている。北海道から東北三陸海岸などの岩礁に生育し、冬から春にかけて生長する。夏には消滅する。長さは30cmぐらいまで育ち、採取したばかりのマツモを塩抜きし、海苔のように薄く延ばし、広げて乾燥する。また、遠火であぶった焼き松藻もある。あぶることにより海の香りが出てくる。三杯酢や味噌汁などにもそのまま食べられている。

がんくい豆　平黒豆とも黒平豆ともいわれているが同じもの。名前は、形が扁平で中央の側面の皮にシワがあることから、鳥の雁が食べた跡と見立てたことによる。岩手県岩手郡玉山村でごく少量の栽培がある。生産量が少なく、現在では丹波黒豆より希少価値がある。黒豆の煮方として、関西風のふっくら柔らかな煮方が急に広がったが、このがんくい豆は歯ごたえのある固めの煮方をされる豆である。関東では、正月用に「しわが寄るまでまめに達者で暮らす」縁起物として食べるのだから、硬めで歯ごたえがあるほうがよい。ここでも関東、関西の違いがある。豆をよく洗い、豆の量の4〜5倍の水に一晩浸ける。そのまま中火でアクを取りながら、ゆっくり煮る。指で押して少しつぶれるくらいになったら、ザラメの砂糖を入れ、ザラメが溶けたら火から降ろし、冷ます。再び弱火にかけて、黒砂糖と醤油を加えて3〜4分たったら火を止めて、そのまま一晩おいておく。

ふのり　岩手県宮古市田老地区で採れる「ふのり」は、岩礁海岸の岩に付着したものである。ふのりは日本海側をはじめ各地で採れるが、この岩手県田老地区のふのりは2〜4月の寒い冬の時期が旬であり、特に風があるときに浜に干したものは品質よく、粘りととろみがあり、絶品である。

あま茶　ノンカフェイン、低カロリーで甘みを持つ甘味料フィロズルチンを含み、九戸村で乾燥あま茶が生産されている。

Column

　東北地方の岩手県は春の訪れが遅く、冷害のために稲作ができなかった時代に、雑穀地帯として盛んに食べられた郷土料理がある。

① わんこそば：蕎麦を朱塗りの椀に一口ずつ入れて、数多く食べる風習から、もてなしの膳として受け継がれている食べ方である。

② はらこそば：津軽石川でとれる南部の鼻曲り鮭の筋子を入れた蕎麦である。

③ まつもそば：海藻のマツモを乾燥して糊のようにつなぎに使った蕎麦である。

そのほかの食べ方には、そばかっけ、南部はっと蕎麦、やなぎそばなどがある。

Ⅲ

営みの文化編

伝統行事

早池峰神楽

地域の特性

　岩手県は、奥羽山脈の東に位置し、東部には、北上高地が広がる。面積は本州最大で四国全体にも相当する。奥羽山脈と北上高地にはさまれるかたちで北上川沿いに盆地が南北にのびている。太平洋沿いの長い海岸線は、典型的なリアス式海岸で変化に富んでいる。

　中世には、奥州藤原氏のもとで平泉を中心とする仏教文化が栄えた。近世には、県北部を南部氏（盛岡藩）、県南部を伊達氏（仙台藩）が領した。両藩の気風の違いは、住民気質や生活文化にも強い影響を与えてきた。

　とくに山がちな県北では、夏の冷風「やませ」による冷害が多く、稲作にはあまり適していなかった。そのため、ヒエ・アワ・ソバなどの畑作雑穀にたよるところが多かった。一方、北上川下流域の地方は、豊かな稲作地帯で、何かにつけて米を餅にして食べることが多く、「餅どころ」とも呼ばれた。

行事・祭礼と芸能の特色

　全体が山がちな岩手県では、長く畑作の雑穀栽培を伝えてきた。当然ながら、畑作儀礼にまつわる行事や芸能もあったはずであるが、ほとんど形骸化して久しい。明治以降の稲作・米食を日本全体の公的なまつりの主要素とする政治的な動きのなかで、それらが後退したからであろう。しかし、「北上山地の畑作習俗」が昭和59（1984）年に「記録作成等の措置を講ずべき無形の民俗文化財」にあげられており、その歴史が後世にも語り継がれることになった。

　岩手県下には、伝統的な行事にまつわる民俗芸能が多く伝わる。その代表的なものが神楽と剣舞。早池峰神楽に代表される神楽は、修験系のものである。夏まつりなどで披露されている鬼剣舞は、別に念仏剣舞と呼ばれる。威嚇的な鬼面をつけて勇壮に踊るが、鬼を表わすのではない。仏の化

身として悪霊を鎮めようとするのである。これも、浄土教の信仰にちなんでいるが、修験道の呪術的所作をもつ、とされている。

　なお、岩手県下の伝統芸能には、ほかにも、毛越寺の延年（平泉町）、山屋の田植踊（紫波町）、古実式三番（平泉町）、円万寺神楽（花巻市）、青笹のしし踊（遠野市）、チャグチャグ馬コ（盛岡市ほか）、陸中沿岸地方の神子舞・廻り神楽（宮古市ほか）、鴨沢神楽（江刺市）などがある。

主な行事・祭礼・芸能

毛越寺の摩多羅神祭・二十日夜祭

正月14日から20日まで、新春の祈禱祭として常行堂の摩多羅神祭が執り行なわれる。とくに20日は、二十日夜祭と称され、内陣の儀として常行三昧供と延年舞が、外陣の儀として蘇民祭が、並行して翌朝まで続けられる。

　内陣の儀は、毛越寺十八坊の僧侶によって行なわれる。奥殿に一山総鎮守の摩多羅神、須弥檀に本尊宝冠の阿弥陀仏以下四菩薩を祀り、百味飲食の御饌を供えて常行三昧の攸という修法を行なう。この行事は、前夜・後夜の両作法からなり、前夜には、惣礼・呪礼師・梵音・行道・仏揃い・三礼などの作法が、後夜には、三十二相・教化・散華などの作法があり、いずれも読経を伴う修法である。

　そのあと、延年舞となる。常行堂内で、祝詞にはじまり、田楽（紙太鼓3人・ささら3人・瑟丁伝1人＝少年・笛2人・銅撥子1人＝少年の舞）、呼立（笏を持って歌を唱える）、唐拍子（路舞ともいう。中国清涼山の童子の舞を伝えたもの）など国指定の数々の舞が舞われる。延年舞が演じられているときに、見物人が盛んに悪口をいいはやすが、この悪態がひどいほどその年は豊年、とされている。舞が終わると御饌をおろして、御前開きと称して酒宴をする。

　外陣の儀は、明治15（1882）年から、近隣の黒石寺（奥州市）の蘇民祭を模して行なわれるようになった、と伝わる。20日の夕方、厄年の老若男女が蘇民将来の護符を入れた神袋を持って、蘇民宿と呼ぶ頭屋から松明の明かりを先頭に行列を組んで常行堂へ向かう。若者は、手木（コウゾの木でつくる一種の呪器）で地面を叩きながら参拝。常行堂では戸や床を叩いてまわり、最後に神袋を仏前に供える。

また、内陣で御膳開きをしているころ、「神火あがり」が行なわれる。これは、斎燈木に点火し、その周囲を歌ってまわり、ついで別当あがり、鬼子あがり（7歳の体の弱い子が大人に背負われて体が強くなるように立願する）が行なわれる。そして最後に、蘇民曳きといって、蘇民将来を入れた袋を白い褌姿の若者たちが奪い合う。これは、厄を払い福を招こうとする行事である。

早池峰神社の祭礼と神楽

　早池峰神社（花巻市）は、大同2（807）年、藤原兵部郷成房が早池峰山の山頂に祠を建てたのをはじまりとする。

　早池峰山は、花巻の北東、遠野の北に位置する。太平洋からの航海の目印にもされたこの山は、古くから霊峰として厚い信仰を集め、早池峰神社は、その中心となってきた。現在の社は、慶長17（1612）年に南部利直の庇護のもとに建立されたものである。本殿は、昭和47（1972）年に、県の有形文化財に指定された。

　早池峰神社の例大祭は、7月31日（宵宮）と8月1日（本祭）。祭礼では、境内に大償と岳の両村から集まった数十頭の獅子頭が勢ぞろいする。やがて、神馬を先頭に山を下る神輿渡御。ホラ貝を吹く山伏たちに先導された40体余りの権現様の「お通り」など、長い列となって沿道を練り歩く。ひととおりの神事がすむと、境内の神楽殿で、早池峰神楽が奉納されるのである。

　早池峰神楽は、山上で伝えられてきた岳神楽と山麓で伝えられてきた大償神楽の総称である。島根の佐陀神能や愛知の花祭などとともに、昭和51（1976）年、日本初の国の重要無形民俗文化財に指定された。

　また、平成21（2009）年には、世界の無形文化遺産にも記載された。

　両神楽の衣装や採物（舞手が持つ神のしるし）にそれほどの違いはないが、たとえば大償の山の神面は口を開き、岳のそれは口を閉じている。つまり、大償は、阿吽の阿、岳は吽の型をとったものといわれる。また、大償の舞は、七拍子のゆったりした女性的な舞に、岳の舞は、五拍子でテンポが速く勇壮な舞に特徴がある。獅子頭も、大償のそれは、丸みを帯びて女性的であるが、一方の岳は、男性的で荒々しいなどの違いがある。

　40曲近くある演目は、式舞と式外舞（神舞・荒舞・女舞・番楽舞・狂言舞・権現舞など）に分けられる。狂言舞以外は舞手は無言で、胴前とい

う締太鼓叩きと楽屋内での台詞語り（謡方）がそれを補う。

このまつりでは、宵宮と例大祭をあわせて神楽殿だけでも9時間ほど早池峰神楽が奉納される。また、神事やお通りでも神楽囃子がつくので、この時ばかりは神楽を十分に堪能することができる。

藤原祭

平泉町で毎年5月と11月に催される奥州藤原氏のまつり。

春の藤原祭は、5月1日から5日まで催される。平安時代末期、この地方を治めた藤原氏4代の栄華をしのんで昭和24（1949）年からはじめられた。追善法要・稚子行列、開山護摩法要、郷土芸能、能や狂言の奉納などが行なわれる。

なかでも毎年注目されるのが「源義経公東下り行列」である。これは、義経主従が兄頼朝の追討から逃れて平泉にたどり着いたとき、藤原秀衡や地元民に歓迎された故事にならったもの。総勢100名余りの参加者が当時の風俗を再現して時代行列を行なう。中尊寺坂下を出発し、毛越寺へ。毛越寺では「義経公ねぎらいの場」が再現される。その後、中尊寺金色堂へ行き、奉拝する。

秋の藤原祭は、例年11月1日から3日までの3日間開催される。1日目は、中尊寺での藤原4代の追善法要と毛越寺での報恩法要が執り行なわれる。また、稚子行列や郷土芸能なども行なわれる。

2日目は中尊寺と毛越寺で郷土芸能が、また3日目は、郷土芸能のほかに、中尊寺において能や狂言が演じられる。毛越寺の浄土庭園では、魔多羅神祭にも演じられる延年舞が披露される。

なお、中尊寺・毛越寺など平泉文化を伝える史跡群は、平成23（2011）年に世界遺産に登録されている。

さんさ踊り

旧南部藩（盛岡市周辺）の代表的な盆踊。村の中でいくつかの組をつくり、揃いの浴衣に花笠などを持って家々を訪問し、家の前で円陣をつくって踊る。囃子は笛と太鼓。唄には、「御門讃めの唄」「暇乞いの唄」など門打ち系の唄と、「盆の十六日正月から待ちた　待ちた十六日今夜ばかり　サンサエー」という盆踊り唄がある。

一説には、そのむかし、悪鬼を退散させてもらうために三石（三石山）の神に祈り、神前で「サンサ」と踊ったことからこの名が生じた、という。

江刺甚句まつり

奥州市江刺区の岩谷堂地区で行なわれる火防と豊作と家業の繁栄を祈願するまつり。300年もの伝統

を誇る行事である。5月3日が宵まつり、4日が本まつり。市民参加による江刺甚句踊がその中心となっている。

当地は、藤原氏滅亡後は江刺氏が統治し、さらに江戸時代は伊達藩の統治下におかれた。そして、藩の最北端の要地として城下町が形成され、北上川の船運による物資の集散地として明治中期まで栄えた。東北地方は馬の産地であり、物資の輸送には牛とともに馬が使われた。そこで、「江刺追分」と称する馬子唄が盛んに唄われた。この歌は廃れてしまったが、その調べを継ぐ「江刺甚句」は、いまも歌い継がれているのだ。

この歌にあわせた踊りが、江刺甚句踊。その特徴は、男女一組で踊ることで「あわせ踊」ともいわれる。伊達藩の「定義あいや」によく似ていることから、そこから派生したとの説が根強い。

江刺甚句踊は、酒宴の座敷踊としてもみられるが、寺社境内の盆踊で踊られることもある。また、歌詞に「甚句踊は門まで来たや　じいさま出てみろ　アリャ孫連れて」とあるところから、昔は街路を流して踊っていたことがうかがえる。

現在の江刺甚句まつりは、42歳と25歳の厄年にあたる「年祝連」が演舞を披露するほか、2,000人を超える市民が甚句踊に加わる甚句大パレード、100人の踊り手が一斉に舞う江刺鹿踊など、多彩な催しが盛大に行なわれる。

チャグチャグ馬コ

旧暦5月5日に南部駒（馬）の生産地である盛岡市周辺で行なわれる行事。もともとは、農耕の馬を慰労する行事であった。

金銀紅紫の晴れ着で飾った馬の上に半天姿の男の子や振り袖姿の女の子を乗せて、馬の守護神である蒼前神社（駒形神社）へ参る。馬につけた飾りの鈴がチャグチャグと鳴ることからこの名がついた。町の中や田畑の道を練り行くようすはのどかで、いかにも馬の産地らしい農村行事としての情緒がある。

ハレの日の食事

県北の雑穀地帯では、ハレの行事食として、三角に切ったソバ入りの「そばかっけ」が食される。米も麦も産する県央では、小麦団子をいれた「ひっつみ」が、また、稲作が盛んな県南では、何かにつけて「祝い餅」がふ

るまわれた。三陸海岸部では、秋サケを使った「ちゃんちゃん焼き」がよく知られる。

　三陸地方には、「くるみ雑煮」が伝わる。汁の具は、ニンジン・ゴボウ・ダイコン・セリ・凍み豆腐・ハラコ（サケの卵）・アワビなどで、醤油味に仕立てる。クルミは砂糖を加えてよく擂り、雑煮の汁でとろとろになるまでのばしてたれをつくり、そのたれに餅をつけて食するのである。

　郷土料理のひとつに、「わんこそば」が有名である。そばの早食いを競う風があるが、かつては行事の時のごちそうであったに相違ない。米の御飯にしろ、そばにしろ、その日その時は腹いっぱい食べられることが、つまりはごちそうであったのだ。「まつりの酒は、（酒樽の）底見えるまで」という言葉もあるように、酒もまた十分に飲みつくすのがハレの日ならではのこと。飽食の現代からは、すでに遠のいて久しいまつりの風景があった。

寺社信仰

盛岡八幡宮

寺社信仰の特色

　岩手県は世界遺産「平泉」の中尊寺（天台宗東北大本山）や毛越寺（天台宗別格本山）が全国的に有名である。国宝の中尊寺金色堂や、国特別名勝の毛越寺庭園などが仏国土（浄土）を表すとして高く評価されている。両寺の境内は国の特別史跡にも指定されている。

　平泉に先んじて仏教文化を開花させたのは宮古市の黒森山と考えられる。山麓からは8世紀と推定される密教法具が出土しており、黒森観音・黒森薬師・黒森大権現など複数の呼称も有することから、古くからの信仰がうかがえる。山腹に鎮座する黒森神社は、〈黒森神楽〉†や〈陸中沿岸地方の神子舞〉‡など、数々の貴重な民俗も今に伝えている。

　早池峰山も信仰の山で、花巻市の早池峰神社に伝わるユネスコ無形文化遺産の〈早池峰神楽〉†は、黒森神楽よりも古く南北朝期には確立されていたと考えられ、〈鴨沢神楽〉‡などを生み出した。

　岩手県を代表する信仰の山は岩手山（巌鷲山）であろう。山麓の滝沢市にある駒形神社（鬼越蒼前神社）は御蒼前様と親しまれ、人々は旧暦5月5日には愛馬とともに参詣の朝駆けを競った。その民俗は〈チャグチャグ馬コ〉‡として知られ、現在は同社から盛岡市の盛岡八幡宮までの、色鮮やかな装束で着飾った100頭ほどの馬の行進が人気を集めている。

　奥州市中上野の駒形神社にも馬の信仰があり、全国の駒形社の総本社とされている。奥宮は駒ヶ岳の山上に、里宮は金ケ崎町にある。

　岩手県は、二戸市の糠部33-01八葉山天台寺（瀬戸内寂聴名誉住職）も含め、天台宗の名刹が多いが、奥州市の正法寺は曹洞宗の第三本山と称される名刹で、盛岡市の本誓寺は親鸞聖人二十四輩の是信房の旧跡という浄土真宗の名刹である。

　旧暦10月のマイリノホトケは、阿弥陀如来や聖徳太子の像、六字名号の掛軸などを拝む民俗で、是信房の功績と考えられている。

　凡例　†：国指定の重要無形／有形民俗文化財、‡：登録有形民俗文化財と記録作成等の措置を講ずべき無形の民俗文化財。また巡礼の霊場（札所）となっている場合は算用数字を用いて略記した

八幡神社

二戸市似鳥。1512年に聖観音を祀ったのが始まりと伝え、似鳥観音や長流山観音堂とよばれた。浄法寺町飯近山にあった観音を遷したとも伝える。長く糠部33-32の札所であったが、1743年から一戸町の実相寺へ移った。二戸では旧暦7月10日に七観音を巡る民俗があり、浄法寺町天台寺の桂泉観音から始めて当地で終えた。1871年に白旗八幡を合祀して現称とした。旧暦1月6日にはオコモリ（旧暦12月30日に炊いた飯）とサイトギ（井桁に積んだ生木）の状況で年を占う〈似鳥のサイトギ〉‡がある。サイトギは権現舞の後で点火され、御百度参りと祠巡りの裸参りを修した若衆が激しく動かして舞い上がる火の粉での豊凶を占う。なお、二戸市は漆器の浄法寺塗でも知られ、市の浄法寺歴史民俗資料館には〈浄法寺の漆掻きと浄法寺塗の用具及び製品〉†が収蔵・展示されている。

大宮神社

久慈市夏井町。大己貴命を祀り、大宮様と親しまれる。境内には稲荷・惣前・金勢大明神の3柱を合祀した石塔社と、駒形大神の石像がある。宮司を務める播磨家の伝承によると、先祖は修験山伏で、播磨国から大梵天不動明王を背負って夏井に移住し、1754年に大宝院を創建したのが始まりという。今も播磨家の屋敷内には大梵天不動明王を祀る行屋があり、1754年の修験免状も現存している。8月の例祭で奉納される〈夏井大梵天神楽〉は、播磨家が権現様を奉じて行う霞廻りの神楽として編み出したという。霞廻りの神楽巡業は1957年以降中断しているが、1977年に神楽の保存会が結成され、旧暦8月15日には夏井町鳥谷の若宮八幡宮、5月5日には久慈市中町の巽山稲荷神社でも奉納されている。

鵜鳥神社

普代村第25地割。卯子西山の山頂に本殿（奥宮）と御岬様、麓に遥拝殿や神楽殿が建つ。もと薬師寺と伝え、今は鵜草葺不合尊や海神命を祀る。山中に湧水があり、硼酸を含むのか、この水で目を洗うと眼病が治るという。御籤場は紙縒りを水に投じて吉凶を占う場である。縁結びの松は、枝を男の左手と女の右手で結ぶと縁が結ばれるといわれ、遠野の卯子西様も恋愛成就で知られる。枝宮の子康神社は女陰石を祀り、子授け・安産・子育ての神として尊崇されている。例大祭

は旧暦4月8日で、松迎い・山の神・鬼神笠松山などの〈鵜鳥神楽〉[†]が奉納される。年初には権現様（獅子頭）を奉持して〈陸中沿岸地方の廻り神楽〉[‡]を行う。宮古市の黒森神社と交互で北と南の村々を巡業し、昼は家々を回って悪魔払いや家内安全を祈禱し、夜は宿で村人に神楽を披露している。

山祇神社（やまづみ）

紫波町山屋。字山口に鎮座。大山祇命（おおやまつみのみこと）を祀る。例祭は9月3日。坂上田村麻呂将軍が十一面観世音を勧請したのが始まりと伝え、熊野山昭光寺と称した。山寺観音（やまでら）ともよばれ、当国33-12として巡礼者を集めたが、1872年に現称に改め、観音像を紫波町東長岡の常光寺に遷した。字山口は山谷寺のあった所で、大字（おおあざ）の山屋は山谷からきている。社の近くの尾根上、館には12世紀に築かれた経塚（だて）が4基も発見されている。旧暦1月15日には麓で〈山屋の田植踊〉[†]が行われ、前口上から三番叟、苗代こせァ、五穀くだしと種蒔き、仲踊、早乙女（しょうとめ）、御検分、さなぶり支度、しろあらい、稲刈の順で一年の稲作過程が歌と踊で演じられる。青年が女装した早乙女が、頭に冠った花笠を美しく回転する笠ふりは、岩手県中部地方の田植踊の特徴をよく伝えている。

熊野神社（くまの）

花巻市石鳥谷町好地（いしどりやちょうこうち）。1581年、紀州熊野神社の分霊を全国巡回中の神官代理が早池峰山の奇岩に奉安したのが始まりという。1870年に当地へ遷座し、少名毘古那命（すくなびこなのみこと）を祀っていた薬師堂を社殿とした。陸中88-02で、今も御薬師様と親しまれる。9月の例祭（石鳥谷まつり）は南部風流山車（ふうりゅうだし）や樽神輿（たるみこし）の巡行があり、春日流鹿踊（かすがりゅうししおどり）りや手踊りも出て賑わう。石鳥谷は日本三大杜氏の一つ南部流杜氏の発祥の地で、盛岡藩の御用酒屋があり、献上御膳酒をつくる酒司（さかじこ）が住んでいた。境内にある南部杜氏の碑は最後の酒司で近代南部杜氏の祖、稲村徳助（いなむらとくすけ）を顕彰して1893年に建てられた。1920年には松尾神社が勧請され、11月に酒造安全祈願祭を営んでいる。石鳥谷歴史民俗資料館では〈南部杜氏の酒造用具〉[†]1,788点を収蔵・展示し、特色ある〈南部の酒造習俗〉[‡]を紹介している。

碧祥寺（へきしょうじ）

西和賀町沢内（にしわがまちさわうち）。真宗大谷派。1625年に武士の多田弾正源延清（ただだんじょう）が出家して、前郷に草庵を結んだのが始まりと伝える。あるいは陸奥国と出羽国（むつ・でわ）の境の関所寺として創建されたともいわれる。1669年に現在地へ移転。当地は和賀氏の重臣で沢内を領した深沢城主の太田縫之助が冬の屋敷を構えていた所という。寺院には珍しくきわめて充実した博

物館を設け、民俗資料1万数千点を展示している。14代住職で村長を長く務めた太田祖電が1969年に開設した。〈沢内のまるきぶね〉†1隻は和賀川で渡し舟や護岸工事の石を運ぶのに用いられたもので、〈マタギの狩猟用具〉†486点は奥羽山脈沿いのマタギ集落から収集したものである。〈沢内及び周辺地域の積雪期用具〉†1,792点の中には、蕨根（わらびね）の澱粉（でんぷん）を取るのに使用した根槽（ねぶね）など、雪深い山国の貴重な民具が数多く含まれている。

六角石神社（ろっこくし）

遠野市青笹町。『遠野物語』冒頭で早池峰山・石上（石神）山（いしかみやま）とともに登場する遠野三山の一つ、六角牛山の麓に鎮座する。坂上田村麻呂が山頂に薬師如来、麓に不動明王と住吉3神を祀ったのが始まりといい、後に現在地へ移り住吉太神宮と称した。本殿裏には太瀧神社があり、山中の大滝（不動滝）を祀っている。1725年に六角牛山善応寺が祀っていた六角牛新山宮（ごうし）を合祀したという。1872年に現称となる。例祭は9月で、〈青笹のしし踊〉‡が奉納される。県央に広く伝わる幕踊系鹿踊で、踊り嘉兵ヱ（1730年没）が山城国松尾の踊に地元の豊年踊と神楽の山神舞を加えて創作し、1791年に新田市良右ヱ門の門弟3人が広めたと伝える。踊納めは遠野市土淵（つちぶち）にある嘉兵ヱの墓前で行われている。

月山神社（がっさん）

奥州市衣川区松下（ころもがわ）。月山（三峰山）の頂に鎮座。下衣川の鎮守で、10月28日の例祭には初宮参り（七ツ子参り）が行われる。月山は女人禁制で、麓の荒沢神社が結界（わき）であった。山頂の奇石を神体とする胆沢七社の一つ和我叡登拳神社（わがえとこ）に、慈覚大師が自刻の阿弥陀如来を安置し月山権現を勧請（かんじょう）したと伝える。後に源頼義・義家が三峰神を祀り、さらに藤原清衡（きよひら）が中尊寺の奥院としたという。〈川西の念仏剣舞〉‡は、前九年・後三年の役で滅びた安倍氏の亡魂を済度（さいど）するため、清衡が家臣の佐野弥左衛門（なめした）に創始させたと伝える。北上市の岩崎剣舞・滑田剣舞、奥州市胆沢区の朴ノ木沢剣舞（ほおのきざわ）とともに〈鬼剣舞〉（おにけんばい）†とも総称される。昔は舞人が13人で十三仏を象（かたど）っていたという。現在では5月の中尊寺施餓鬼（せがき）や8月の盆などに精霊供養（しょうりょう）として、念仏にあわせて奉納されている。

黒石寺（こくせきじ）

奥州市水沢区黒石町。天台宗。妙見山（みょうけんざん）と号する。奥州33-25、江刺33-07（えさし）。行基が東光山薬師寺を開き、慈覚大師が中興して現称に改めたと伝える。修験山伏の寺で、胆沢城の鎮守・石手堰神社（いわてい）の別当も務めた。本尊の国重文木造薬師如来坐像は、銘文から胆沢城創建、つ

まり蝦夷軍指導者アテルイの死から60年後の862年作と推定されている。寺領の境である字下柳には〈黒石の十三塚〉[†]（十三坊長根）があり、北上川左岸に13基が揃って残る。旧暦1月7〜8日の蘇民祭（裸祭）は日本三大奇祭に数えられ、〈岩手の蘇民祭〉[‡]の中で最大規模を誇る。川で禊をする裸参りに始まり、燃え盛る松の井桁に上って気勢をあげる柴燈木登り、住職一行が本堂に上がる別当登り、逆さに鬼面を背負った鬼子登りを経て蘇民袋が持ち出され、中の駒木を裸の若者が奪い合う。

新山神社（にいやま）

大船渡市三陸町吉浜。出羽国の羽黒山から祭神の宇迦之御玉命（うかのみたまのみこと）の分霊を勧請して祀ったのが始まりという。1535年から修験者の渡辺周永が奉仕した記録があり、明治初年までは出羽新山神社と号していた。例祭は9月8日である。吉浜では1月15日の晩に藁蓑をまとって奇怪な面をつけた異形の者が家々を訪れる〈吉浜のスネカ〉[†]が行われる。スネカは、囲炉裏にあたってばかりの怠け者（カバネヤミ）の脛（すね）にできる火斑（ひだこ）をたくる脛皮たくり（すねかわ）に由来するという。鮑（あわび）の殻をいくつも重ねて腰に下げ、子どもの靴を付けた俵を背負い、1軒1軒回っては「泣く童子（わらし）いねえが、言うこと聞かね童子いねえが」などと声を張り上げ、泣き喚き、逃げ回る子どもを威嚇する。吉浜は鮑漁でも知られ、昔は〈大船渡のまるた〉[†]（大船渡市立博物館蔵）のような丸木舟（ダンベ）を用いていた。

毛越寺（もうつうじ）

平泉町大沢。天台宗。世界文化遺産、境内は国特別史跡、庭園は国特別名勝に指定されている。本尊は薬師如来で医王山と号する。慈覚大師が白鹿に導かれて中尊寺とともに創建した嘉祥寺に始まると伝え、堂塔40余・禅坊500余という、中尊寺を凌ぐ繁栄を誇ったが、その後衰退し、近代になって復興を果たした。現在、毎年1月14〜20日には常行堂の奥殿に安置する秘仏摩多羅神の祭儀を、新春の祈禱として執行している。結願日は二十日夜祭とよばれ、献膳式に続いて古伝の常行三昧供の修法を行う。厄年の人々が松明（たいまつ）を先頭に常行堂まで練り歩き、宝前に大根や白菜を捧げる献膳上り行列などがあり、最後に修正結願の法楽として田楽躍（でんがくおどり）や路舞（ろまい）（唐拍子（からびょうし））、京殿舞（きょうどのまい）など、〈毛越寺の延年〉[†]（えんねん）の舞が夜半まで奉納される。これほど整った延年の伝承はきわめてまれである。

室根神社（むろね）

一関市室根町。室根山（牟婁峯山（むろみねやま）／鬼首山（おにこうべやま））の8合目に山宮が鎮座する。鎮守府将軍大野東人（おおののあづまひと）が紀州熊野本宮の神

を勧請して蝦夷征伐の祈願所としたのが始まりで、1313年に陸奥守護職葛西重信が紀州熊野新宮の分霊を勧請し、奥七郡の鎮守として崇めたという。例祭は旧暦8月13日で、陰暦閏年翌年旧暦9月17〜19日には特別大祭として〈室根神社祭のマツリバ行事〉†が行われる。初日は当地の開拓神を祀る南流(なんりゅう)神社に参拝し、馬場祓いを行い、2日目に御袋(おふくろ)神社背負騎馬や荒馬先陣(ほろぞろ)、袋揃い、忌夜祭(いみやさい)があり、3日目に暗闇の中で御魂移しをした本宮・新宮の神輿が山宮を発輿、田植壇(たうえだん)の農王社(のうおうしゃ)で新穀献納の式を行い、里の祭り場(仮宮/御旅所)を目指して暗闇の参道を一気に駆け下ることから、荒祭の異名がある。昔はこの神輿の先着争いで年の作況を占ったとも伝える。

伝統工芸

南部鉄器

地域の特性

　岩手県の面積は、1万5275km²。北海道に次いで全国2番目に広い。沿岸部は、宮古市より北は典型的な隆起海岸、南側は入り組んだリアス式海岸と複雑な海岸線が美しい景勝地として名高く、国立公園に指定されている。黒潮（暖流）とプランクトンに富んだ親潮（寒流）が交わる三陸沖合は世界有数の漁場で、漁業が盛んである。

　奥羽山脈の北部にそびえる海抜2038mの岩手山はその秀麗な姿から南部富士と称えられ、山麓一帯では牧畜が行われ、明治時代初期にホームスパンが始められたといわれている。北上川が、西の奥羽山脈と東の北上高地、二つの山岳丘陵地帯の間を北から南へ流れ、川沿いに平野が広がる。奥羽山脈の北端、二戸市浄法寺町周辺はウルシの木が豊富な地域で栽培が盛んである。日本で使われる漆約200トンのうち、国産は約2％だが、岩手県の生産量が日本一で約60％を占めている。

　平野部は弥生時代から米どころであったが、稲作に適さない地域では、古くからソバやアワ、ヒエなどの雑穀が栽培され、山野に自生するスズタケやアケビ蔓を用いた編組み細工が伝えられている。

　内陸部は夏は暑く、冬は雪が多く寒いが、沿岸部は比較的温暖で、景勝と美味に恵まれた地を訪れる人々は、岩手の人たちが思いを込め、自然の恵みに手をかけてつくり出す紫根染や南部鉄器、秀衡塗、竹細工など魅力的な伝統工芸と出会うことができる。

伝統工芸の特徴とその由来

　2021（令和3）年、漆産業の拠点浄法寺に隣接する一戸町の御所野遺跡が「北海道・北東北の縄文遺跡群」の一部として世界文化遺産に登録された。約1200年前の平安時代には、浄法寺町にある天台寺の僧侶が用いた漆塗

りの什器をもとに、椀や皿などの生活用具を中心に浄法寺塗が生産される
ようになり、現代に受け継がれている。

　平安時代後半には、奥州藤原氏が栄え、中尊寺金色堂にみられるような
高度な漆工技法を駆使した仏教美術の名品が出現した。平安時代末期には、
藤原清衡が近江から鋳物職人を招き、武具や仏具をつくらせ、後に水沢鋳
物の産地が形成される。

　戦国時代を経て、江戸時代には、岩手県の北半は南部氏の盛岡藩領、南
半は伊達氏の仙台藩領となり、それぞれに異なる気風が育まれた。江戸時
代初期には、南部利直が京都から釜師を呼んで茶の湯釜をつくらせたこと
により南部鉄器が始まり、時代とともに、鉄瓶や急須、風鈴、鉄鍋など暮
らしに欠かせないものづくりを今日まで続けている。

　江戸時代の天明年間（1781～89年）には、岩谷堂城主が米だけに頼る経
済からの脱皮を目指して、木工や塗装の技術を研究させ、独自の意匠や塗
装による岩谷堂箪笥がつくられるようになった。そのデザインは洋風の居
室にも存在感を放つ家具として現在も人気がある。

　鉄瓶の需要が低迷すると、南部鉄器は販路を海外の市場に求める努力を
続け、ついにフランスの紅茶用のカラフルな急須という新たなコンセプト
の商品開発を成功させた。岩手県の伝統工芸は、これからも暮らしに寄り
添い、人とともに育つ道具として進化し続けるだろう。

知っておきたい主な伝統工芸品

南部鉄器（盛岡市、奥州市）

南部鉄器は、盛岡市と奥州市水沢区で生
産される鉄鋳物である。鉄瓶を始め、すき
焼き鍋、煮込み鍋などの鍋類やフライパン、ステーキ皿、鍋敷きなど台所
道具のほか、夏には数十種類もの南部風鈴が店頭を飾る。それぞれにルー
ツは異なるが、原材料の鉄、川砂、粘土、漆や木炭に恵まれ、その特性を
活かしながら発展を続けてきた。

　世界市場進出にあたって、両産地合同で「南部鉄器」ブランドとして販
路開拓を進め、その先駆けとなった南部鉄瓶と南部急須（ティーポット）は、
欧米はもとより、中国や東南アジア諸国に販路を広げている。

　鉄瓶でお湯を沸かすと、鉄瓶から溶出される鉄分が健康によいだけでな
く、お湯がまろやかになり白湯でもおいしいというのは科学的にも実証さ

れており、根強いブームを支えている。人気の急須（ティーポット）は、内部がホーロー加工されているので直接火にかけることはできないが、保温性に優れ、デザインや質感も評価が高く、海外のファンも多い。

岩谷堂箪笥（奥州市江刺区、盛岡市）

岩谷堂箪笥の特徴はケヤキやセンなどの美しい木目、落ち着いた漆塗りの仕上げとびっしりと取り付けられた金具の重厚さにある。伝統的でありながら、階段箪笥や車箪笥などは、収納家具としての機能性にとどまらない魅力にあふれ、和洋どんな空間にあっても、どの時代にタイムスリップしたとしても不思議に収まりがよいと感じさせる。

漆塗りは木目が際立つように生漆を拭きこんで仕上げるか、下塗りをした後透明漆で上塗りして研ぎ出す木地呂塗。金具は大型の飾り金具を始め全部で60～100個ほどで、鉄や銅の手打ち彫りか南部鉄器製の鋳物金具があしらわれる。引き出しなど内部はキリで箱組みされ、接合部分にはさまざまな継ぎ手が駆使されて、堅牢で気密性も高い。

古来よりケヤキ・漆・鉄の産地でもあり、箪笥づくりの環境が整っていたが、本格的に生産されるようになったのは、明治時代になり箪笥が一般家庭に広まった頃で、北上川の水運を利用して東北各地に出荷された。

戦争による中断、洋風家具に押されて低迷を余儀なくされた時代を乗り超え、1965（昭和40）年代初め、東京の百貨店での展示会を契機に都市生活者の需要開拓に成功し、首都圏を中心に在留外国人にも人気が広まった。

浄法寺塗（二戸市浄法寺町、八幡平市、盛岡市）

浄法寺塗は無地のものが多く、椀、盛器、椿皿、片口などが定番で、シンプルで飽きのこないデザインが多い。モモやイチョウを描いた素朴な漆絵も趣深く、長年愛用した後に塗り直して使い続けられるサステナブルな暮らしの友でもある。丁寧に下地を施し、中塗りをした後、貴重な地元産の漆で上塗りを行う。光沢をおさえた独特の艶消しの朱や溜は使い込むほどに艶が出て、まさに育っていく器といえる。

行基開山と伝わる東北地方最古の天台寺で使われていた什器が始まりとされ、「御山御器」と親しまれてきた。人気作家瀬戸内寂聴が住職を務めたことでも知られる浄法寺町の寺である。

近年、浄法寺町一帯では、「うるしの国」を謳い、町をあげてウルシの木を育て、漆掻き職人を養成し、浄法寺塗を生産している。浄法寺産の漆は

良質で、文化財修復などに優先的に使用されている。

秀衡塗（西磐井郡平泉町、盛岡市）
（ひでひらぬり）

秀衡塗は岩手県民にとって、最も身近な漆製品で、箸や椀、菓子鉢などどれか一つはもっているといわれている。トチ、ケヤキなどの木地を生漆で固めて塗りを施し、秀衡文様を描く。秀衡文様とは、「源氏雲」という雲形模様に菱形の金箔を貼り付け、漆絵で植物を配したもの。素朴ながら、往年の藤原氏の栄華の残照が感じられるどこか懐かしい文様である。藤原氏滅亡の後、江戸時代後期から、平泉の隣の衣川村あたりでふっくらと丸みを帯びた秀衡型と呼ばれる椀がつくられるようになり、1955（昭和30）年頃には県南に広がったとされている。

紫根染（盛岡市）
（しこんぞめ）

紫根染はムラサキソウの根から抽出した天然染料で染めた染物で、その高貴な紫色は冠位十二階の最高位に掲げられ、長く禁裡の色とされた。現在のように絞り染めを施すようになったのは、鎌倉時代からとされる。藩政時代には南部藩の手厚い保護のもと、江戸幕府へ献上され、一般の売買はもとより、染色も禁止されていた。そのやや渋みを帯びた色は、下染めに半年、絞り加工に2〜3カ月、何度も繰り返し染めを施した後も数年間寝かせるなど、膨大な手間と時間をかけて醸し出される。

明治時代以降絶滅したが、大正7（1918）年、「南部紫根染研究所」が設立され、旧南部藩の鹿角にかろうじて一人残っていた職人を招いて技術・技法の習得に努め、復興した。絞り技法も昔ながらの素朴な文様に加え、時代に合った新しいデザインが数多く創案され、着尺や帯地のほか、インテリア素材、服飾小物などが大切につくり継がれている。

なお、自生の山紫根が採れた岩泉地方では、絞り染めとは別に、紫根で糸を染めて織った自家製の織物もわずかながらに伝わっている。

小久慈焼（久慈市）
（こくじやき）

小久慈焼は地元の粘土を用いて、壺、皿、徳利などの日常食器を中心に製造してきた岩手県最北の窯場である。轆轤で成形し、登り窯で一度に焼成する昔ながらの作陶で、釉薬は白釉や飴釉が中心、片口や鉢などの素朴な色味とおおらかな造形は、一器多用の魅力を育み、これぞ「用の美」として全国の民芸ファンの心をつかんだ。

起源は19世紀、初代熊谷甚右ヱ門が相馬から来た陶工に師事して技術

を習得し、代々引き継がれてきた。6代目竜太郎が没してからは、地場産業育成の期待を込めて、ともに再興を担った下嶽毅らにより、1957（昭和32）年に小久慈に窯が築かれた。7代目を継承した下嶽毅、8代目の智美と親子二代の奮闘に託され、2011（平成23）年の東日本大震災では甚大な被害を被ったが、多くの支援が寄せられ、復興を遂げつつある。

久慈琥珀 (久慈市)

久慈琥珀は、透明感のある黄褐色を主流とした、多様な色の輝きを放つネックレスやイヤリングなど、気品のあるアクセサリーに加工されることが多い。磨きやカットなどの技法を用い、額絵など大型の作品もつくられる。宮沢賢治が朝焼けの空の輝きに例えた温かみが魅力である。

琥珀は、数千〜数億年前の木の樹脂の化石で、世界ではイギリスや、シベリアなどで採取されている。久慈の琥珀は、約9000万年前の南洋スギ（学名アラウカリア）が起源樹種と考えられている。植物に由来する宝石は珍しく、生成の過程で古代の虫や葉、花、樹皮などが入ったものは、きわめて少なく学術的にも貴重である。

久慈の琥珀の採掘は、縄文時代から始まったとみられており、奈良の古墳から出土した琥珀の勾玉などは久慈産であった。平安時代には琥珀細工の工房が久慈にあり、室町時代には京都や江戸の需要に応えて採掘が盛んになった。江戸時代には南部藩が琥珀奉行を置き、久慈で帯留やかんざしの製造が盛んに行われ、その技は現在に受け継がれている。

亀甲織 (岩手郡雫石町)

亀甲織は、県北の雫石地方に古くから伝わる麻織物で、丈夫で通気性がよく、高度な絡み織りの技法を駆使して織り出される亀甲模様は、立体的で意匠としても群を抜いており、多くは武士によって着用された。上品で独特な風合いが珍重され、南部藩の献上品としても使われたが、明治時代以降、武家の袴の需要が途絶えてからは、もっぱら、夏の野良着の下に身につける「汗はじき」として細々と伝わった末、いつの間にか忘れ去られた。

この「幻の織物」が、地元の主婦たちによって甦ったのは1968（昭和43）年。堆肥入れに始まるアサの栽培、収穫後の麻蒸し、麻干、皮むき、糸績み、撚りかけなどの製糸作業、植物染料による糸染めと、機仕掛け、織り作業。丹念にそれぞれの記憶を辿りながら復元に漕ぎつけたのである。バッグや数寄屋袋、ポーチなどへと商品開発も進み、鄙びた中にも洗練さ

れた趣が漂う稀有な織物が、再び脚光を浴び始めている。

ホームスパン（和賀郡東和町、盛岡市）

ホームスパンは、緬羊（メンヨウ）の原毛をそのまま染めて、手紡ぎで毛糸にして織る素朴な織物である。羊毛ならではの弾力性に富み、軽くて暖かい。英国のスコットランドやアイルランドの農家で昔から行われていたが、日本には明治時代の初めに伝わった。牧畜の盛んな岩手で、独特の織物として発展し、現在でも全国生産額の約8割を占めている。

　ホームスパン発展の陰には、ある篤農家の活躍があったといわれる。代々農家を営んでいたが、メンヨウの飼育を手がけ、羊毛の加工とホームスパンの製織を行い、近隣にも広めた。研究熱心な後継者たちによって、草木染を施すなど商品価値はさらに高まり、地場産業へと発展したが、盛岡の「みちのくあかね会」の貢献も見過ごすわけにはいかない。

　現在はストールやマフラー、バッグなど服飾小物が主流となったが、若手の作家を中心に、手紡ぎならではの表情の異なるさまざまな糸を組み合わせて、モダンなニット製品、タペストリーなど意欲的な作品づくりへと進化を遂げている。

民　話

地域の特徴

　岩手県は東北地方北部に位置し、面積は全国では2番目に広い。北上川沿いの北上盆地は、県の穀倉地帯で幹線交通網も集中しており、人口の7割強が集中している。秋田県境の奥羽山脈の山沿い地域は豪雪地帯で、南部富士ともいわれる岩手山（2,041m）、八幡平（はちまんたい）、駒ヶ岳など1,500m前後の山々が連なり、十和田八幡平国立公園の雄大な自然美をつくっている。県の東半分を占める北上高地は、高い山の少ないかわりに奥行きの深い山系で、太平洋岸の三陸沿岸へと続く。陸中海岸国立公園は景勝地で漁業が盛んであるが、東日本大震災で壊滅的な被害を受け、今も、復興途上である。

　奈良時代、北上川流域は蝦夷の中心地でヤマト王権の影響力が及ぶ北端であったが、蝦夷の指導者阿弖流為（あてるい）は朝廷軍の坂上田村麻呂に滅ぼされる。その後平泉に独自の黄金文化を築いた奥州藤原氏も、鎌倉時代に源頼朝に滅ぼされ、中央勢力の支配を受けることになる。江戸時代になると、南は仙台藩伊達氏、中央部と北は盛岡藩南部氏に統治されるが、近代に入り廃藩置県を経て盛岡県が設置され、その後、岩手県に改称された。

伝承と特徴

　民俗学の記念碑的な著作といわれる柳田國男の『遠野物語』は、遠野の人・佐々木喜善からの聞き書きをまとめた書物である。喜善も『江刺郡昔話』を皮切りに『老媼夜譚』『聴耳草紙』などたくさんの昔話集を編み、同郷の言語学者金田一京助から「日本のグリム」と称された。『紫波郡昔話集』『すねこ・たんぱこ』『黄金の馬』『ねむた鳥』も忘れてはならない。各自治体が報告した昔話資料も多数あり、地元の個人がまとめたものには『民話の平泉』『陸奥二戸の昔話』『わがのむがしばなし』『火っこをたんもうれ―岩泉の昔ばなし』などがある。宮城県から精力的に調査に通った佐々木徳夫の『遠野に生きつづけた昔』『遠野の昔話』などもある。『日本昔話

通観3　岩手』には、岩手県内の昔話が話型別に整理されている。県内の執筆者たちによる『岩手民話伝説事典』は、1984（昭和59）年までに報告された5,793話の概要を記している。

　岩手県の昔話の呼称は「むがし」「むがしこ」といい、発句は「昔あったど」「昔あったずもな」。結句の大部分は「どっとはらい」系であるが、西和賀町のみ秋田と同じ「とっぴんぱらり」系。県南の一部は宮城県と同じ「えんつこさけた」系で、新潟や会津の「一期栄えた」と同系統である。

　遠野市は、昭和40年代から「民話のふるさと」として民話を積極的に観光に取り入れてきたが、その中で北川みゆきや白幡ミヨシ、鈴木サツ・正部家ミヤ姉妹らの優れた語り手が輩出された。一方「語り部講座」を開き、語り手の養成にも力を入れてきた。遠野物語研究所（1995～2014）は、昔話教室を開催して昔話研究と継承に尽力した。1992年夏には「世界民話博in遠野」を開催し、「遠野昔ばなし祭り」は2019年第36回を迎えた。

　近年、ふるさとの方言で昔話を語る人も出ている。宮守村出身で仙台市在住の佐々木健、関東では紫波町出身の中鉢カヨ、北上市出身のふるさと北上民話研究会、遠野市出身の大平悦子などが、その例といえる。

おもな民話（昔話）

マオ鳥　むかし、めんこい男の子と意地悪な継母がいた。ある時男の子は、馬に草を食べさせるため野原に出かけた。夕方になったので馬を連れて帰ろうと思ったら、馬の姿が見つからない。大変なことになったと思い、「あーほ、あーほ、マオー」と呼びながら青くなって探したが見つからない。暗くなってしまったので、しかたなく男の子は馬のおもずら（馬の鼻の上にかけるひも）を持って、泣きながら家に帰ると、継母は激怒しおもずらで背中を叩いてせっかんし、「馬を連れてこないうちは、家にいれない」と言って男の子を外に放り出してしまう。男の子は、たいまつに火をつけて、また野原にでかけ「マオー、マオー、あーほー」と馬を呼びながら、野原から山へ探し回ったけれども、馬は見つからなかった。腹が減り野原にぐったりと寝てしまった男の子は、そのまま冷たくなって死んでしまった。その様子を天で見ていた神さまが、かわいそうだと思って男の子を鳥にした。その鳥は、マーオ、マーオと鳴くので、皆は「マオドリ（馬追鳥）」と呼ぶことにした。マオドリの背中には、おもずら

でぶたれた跡が残っていて、マーオ、マーオと鳴く声も、たいそう悲しそうに聞こえるという。鳴き声を聞いた人はいるけれども、鳥の姿を見た人は、誰一人いないそうだ（『読みがたり　岩手のむかし話』）。

　この話は、馬産地である岩手県に広く分布している。馬と人とが同じ屋根の下で暮らす「南部曲家」からも馬と密接な土地柄がうかがえる。

すねこたんぱこ

子どものいない爺と婆がいた。観音様に子どもが欲しいと祈願すると、「毎晩すねにつばをつけてみろ。子どもが生まれるから大事に育てろ。後に福徳長者になる」とのお告げがある。婆は毎晩すねに唾をつけてこすっていると、すねから小さな子どもが生まれる。すねから生まれた子どもなので、「すねこたんぱこ」と名付けて可愛がった。若者になり、体は人の爪のあかほどもない小ささだが、馬を扱うのが上手かった。すねこたんぱこは、婆に麦こがしを小袋に入れてもらい、馬に乗って出かけた。長者の家に泊めてもらったすねこたんぱこは、夜中に長者の娘の口に麦こがしをぬりつけて、残りは食べてしまい、娘に全て食べられてしまったと泣く。長者は申し訳ないと、娘を嫁にやることにし、馬に一緒に乗って家に向かう。途中、馬から落ちて馬に踏まれたすねこたんぱこは、立派な若者の姿になり、親子夫婦4人一緒に仲良く暮らし、末には福徳長者になる（『すねこ・たんぱこ』）。

　小さ子譚の一つで、岩手県では他に「桃太郎」や、婆のひざかぶ（膝）から生まれた「つぶ息子」（田螺息子）の伝承もある。

南部と伊達の藩境

南部藩と伊達藩の藩境が、まだはっきりしていなかった頃の話。南部の殿様と伊達の殿様は、同じ日の同じ時刻にべご（牛）に乗って出発し、出会った所を藩境いにしようと決める。南部の殿様は、決めたとおりにべご（牛）に乗ってやってきて、まだまだと思っていたら、伊達の殿様が目の前に現れ驚く。伊達の殿様は、最初は馬に乗ってやってきて、途中でべご（牛）に乗り換えたのである。北上市の「相去」は、殿様が相対して去ったところから付いた地名といわれる（『ふるさと北上の昔話』）。

おもな民話（伝説）

岩手山と姫神山と早池峰山

岩手山は姫神山を妻にめとったが、早池峰山の女神に心奪われる。岩手山は姫

神山と顔を合わせるのもうとましくなり、送仙山の神に「一夜のうちに、わが目のとどかぬところへ送りゆけ」と命じた。姫神山の姫は泣く泣く夫のもとを去ったが去る足も鈍く、翌朝岩手山が目をさますと、まだ東の空にそびえていた。それを見て怒り狂った岩手山は、盛んに火を噴いて暴れまわった。その時から、岩手山と姫神山の間にあった送仙山は、岩手山の怒りにふれて首をふきとばされ、その首は岩手山麓に大きなこぶとなって、今に残っている（『岩手の伝説』）。

遠野三山

　　　　　むかし、遠野の石倉権現さまに、三人の娘神を連れた女神さまが泊った。最初の晩に、「遠野に三つのお山があるが、胸に蓮の花を授けた娘に一番高い早池峰山を守らせろ」というお告げがあり、母神さまはその事を娘たちに教えて、もう一晩泊った。一晩中目を覚ましていた一番小さな妹神さまは、一番大きな娘神さま（姉神さま）の胸の上にぴかぴか光る美しい蓮の花が降りてくるのを見て、横取りして自分の胸の上に置いて寝た。朝になりみんなが目を覚ますと、一番小さな娘神さまの胸の上に蓮の花があるので、その娘神さまが早池峰山を守ることになった。二番目の娘神さまは六角牛山を、一番大きな娘神さまは、一番低い石上山を守ることになった。石上山は一番低い山ではあるが、一番険しい山だと言われている。その山を守ったのが、一番の姉神さまなので、一番低い山ではあるが、一番位の高い神さまだと言われている（『正部家ミヤ昔話集』）。

　　母神さまと娘たちが別れた峠を神遣峠といい、そこに建っているお社を神遣神社という。

義経伝説

　　　　　平泉は、藤原氏三代の仏教文化が栄えた地で世界遺産にも登録されたが、源義経や弁慶などの終焉の地でもある。高館で自害した義経の首は、黒漆の櫃に納め酒に浸して鎌倉に送られたが、盛夏のため腐敗が激しかった。そのため、この首は家来の首で義経は弁慶と共にいち早く脱出し、岩谷堂から気仙、遠野、釜石。さらに陸中海岸を北上し久慈から青森の三厩から北海道へ渡ったという「義経北行伝説」が関係各地に残っている。さらには、シベリアへ渡り蒙古のジンギスカン（チンギス・ハン）になったという伝説まで生まれ、「義経北行伝説」と称されている。

　　例えば、山伏姿に扮した義経一行は、束稲山を越えて一関市大東町の観

福寺に宿泊した。この寺には、義経の四天王・亀井六郎清重の「笈」が残されているという。また、一行は江刺市井出の藤原隆家の館に数日滞在した。源義経が休んだ家なので、「源休館」と呼ばれるようになった。

さんさ踊りの始まり

むかし羅刹という恐ろしい鬼がいて田畑を荒らしたり、女こどもをさらったり、あばれまわっていた。ほとほと困った村人は、盛岡の三つ石の神さまに「羅刹を退治して、一日も早く平和な村にしてください」と願掛けした。21日目の満願の日に村人が三つ石の神さまに行ってみると、大きな鬼の羅刹は藤のつるでグルグル巻きにされて、「二度と村人に悪さはしません」と泣きながら詫びていた。羅刹は、約束の証に三つの岩に手形を押して逃げて行った。見ていた村人は大喜びして、神様にお礼の踊りを奉納した。これが、盛岡各地で踊られている「さんさ踊り」の始まりである。鬼が来なくなったので、盛岡の別名を「不来方」ともいうようになり、また鬼が岩に手形を押したことから、岩手という地名になったという（『岩手のむがしッコ』）。

だんぶり長者

むかし、二戸郡の田山の里に貧しい百姓夫婦がいた。ある年の初夢に、「小豆沢の地をひらけ。そうすれば福運が授かるだろう」とのお告げがあり、さっそくその地を耕しはじめた。その年の夏のある日、木陰で昼寝をしていると、一匹のだんぶり（とんぼ）が飛んできて、夫婦の唇をなめた夢をみる。目覚めると、唇から得も言われぬ酒の香りがするので不思議に思ってあたりを見回すと、夢の中で見ただんぶりが岩間に飛び去るところだった。後を追うと酒の泉を見つけ、そのおかげで夫婦は大きな酒屋をひらき、のちに田山のだんぶり長者と言われるほどになった（『岩手の伝説』）。

　奥浄瑠璃本の中にだんぶり長者を題材とした「檀毘尼長者本地」がある。大勢の使用人に食べさせる米のとぎ汁で川が白くなったことから、米白川（今の米代川）と呼ばれるようになったという長者伝説である。

おもな民話（世間話）

オシラサマ

むかし、父と母と美しい娘がいた。年ごろになった娘は、飼っていた牡馬と仲良くなり、「馬と夫婦になる」と言い出す。怒った父は、桑の木に馬を吊し上げ、鉈と鎌で馬の皮を剥ぎ始めるが、馬の皮が泣きじゃくる娘の体をぽっと包んで、天に昇ってしまう。父

と母は、思いもよらぬことに泣き明かすが、ある晩娘が夢枕に立ち「来年の3月14日の朝に庭の臼の中を見てほしい。馬の頭のような小さな虫が沢山いるので、裏庭の桑の葉を食べさせて、大きくなったら繭から糸を取って機を織り、その織物を売って暮らしを立てるように」という。両親は、娘に教えられたとおりにする。そのお礼に、馬を吊るした桑の木に娘の顔と馬の頭を彫って祀ったのが、オシラサマである。オシラサマは養蚕の神様で、目と女の神様でもあり、祀っている家の良いことや悪いことを知らせる神さまでもある（『遠野むかしばなし　鈴木サツ自選50話』）。

オシラサマは家の神で、通常は桑の木に馬頭と女を彫った2体がある。オシラサマの祭りを「オシラアソビ」と言い、小正月の16日に箱から女たちによって出され、新しい赤い布を被せられ小豆餅が供えられる。

ザシキワラシ

遠野郷山口の旧家孫左衛門の家には、若い女のザシキワラシが二人いると言い伝えられている。ある年同じ所の男が、夕方橋のあたりで見慣れぬ美しい娘二人に会った。「お前さんたちはどこからきてどこに行くのか」と聞くと「今まで山口の孫左衛門殿の家にいたが、これから気仙の稲子沢へ行きます」と言って過ぎた。その後山口の家の主従30人ばかりは、茸の毒にあたって一夜のうちにみな死に絶えたということである（『奥州のザシキワラシの話』）。

『遠野物語18』と同じ話である。ザシキワラシは全国的に伝承されるが、岩手県を始めとした東北北部では家にまつわる精霊とされる。子どもの姿をしていて、旧家の座敷に出没し、夜に枕返しをしたり、体を押し付けたりして寝かせないという。また、ザシキワラシがいる間は富み栄え、出ていってしまうと没落してしまうとも伝えられる。

カッパの手形

北上市染黒寺にはカッパの手形とカッパが書いたという書が現存している。染黒寺十四代の仏国大器の和尚の時に、北上川の渕に住んでいたカッパが寺の馬屋に入って馬を殺した。それを見つけた和尚は、カッパに意見した上で詫び状としてカッパに手形を押させ、カッパの手を取って「當山」と書かせて北上川に離してやったという（『岩手のむがしッコ』）。

カッパは水中に住む妖怪。『遠野物語』の中のカッパは、顔は赤く足跡は猿と同じで親指がなく人間の指のようだという。捕えたカッパを逃がす代わりに教えてもらった「河童秘伝薬」を伝えている家もある。

妖怪伝承

ザシキワラシ

地域の特徴

　47都道府県のうち、岩手県の総面積は北海道に次ぐ第2位の広さをもつ。県内全域が豪雪地帯に指定されており、冬季は厳しい寒さにさらされるが、奥羽山脈の影響もあり、同じ岩手県内であっても地域によって気候は大きく異なる。北上盆地は特に冬場の冷え込みが激しく、県庁所在地である盛岡市は、より北に位置する北海道の札幌市や青森県の青森市よりも最低気温が下回ることが少なくない。広大な面積を誇る反面、遠い過去から現在に至るまで、峠を越えつつ県内の離れた地域に移動するのには多くの時間を要する。

　西日本のヤマト王権によって、「蝦夷（えみし）」とよばれていた東北地方の人々の征伐が進められると、現在の岩手県にあたる地域はヤマト王権の権力が及ぶ北端となった。征夷大将軍の坂上田村麻呂によって蝦夷の指導者である阿弖流為（あてるい）が制圧されると、北上川流域はヤマト王権の統治下となる。江戸時代に入ると、現在の岩手県にあたる地域は仙台伊達藩や盛岡南部藩などによって統治され、明治に入って盛岡県が設置されると、数年後に現在の岩手県に改称された。

伝承の特徴

　盛岡市の三ツ石神社には、「鬼の手形石」という巨大な三つの石が今も残されている。江戸期の地誌『盛岡砂子』は、この石の由来を次のように記す。地元の人々に悪さをはたらいていた鬼が捕まえられて石に縛り付けられたときに、もう決して悪さはしないという約束の証拠として、石に手形を押し付けた。これが岩手という地名の由来だという。

　このように、県名に採用された「岩手」という地名の起源譚にも妖怪が関わっており、岩手県は妖怪をはじめとした豊富な在地伝承をもっている。現在も残されている岩手県の伝承について考える際に重要となるのが、近

代の岩手県という環境に根差した文筆活動を行っていた二人の人物である。一人は、遠野地方の説話伝承を集めた柳田國男『遠野物語』の情報提供者である遠野出身の佐々木喜善。もう一人は、『銀河鉄道の夜』など、数々の小説や詩をつくった宮沢賢治であり、二人の間には交流があった。喜善は柳田に遠野の伝説や昔話、世間話や俗信などにまつわる情報を集めて提供するだけでなく、みずからも筆をとって遠野の伝承を書き留めた。それは『聴耳草紙』などの著作として結実している。

　賢治は岩手県の郷土の風景にヨーロッパ的な印象を重ね合わせて、「イーハトーブ」という架空の物語世界を創り出した。イーハトーブとは、岩手＝イハテの発音を、エスペラント語などを意識しつつ改変した、賢治による造語である。賢治の作品には、岩手を中心とした東北地方に伝わる説話からの影響が強くみられる。例えば、『風の又三郎』には東北地方などに伝わる妖怪「風の三郎」からの影響があり、また、同じく東北の妖怪「ザシキワラシ」を題材にした作品もある。もともと豊富な伝承を有していた岩手県であるが、それが近代において柳田國男、佐々木喜善、宮沢賢治に代表される文人たちに再発見されたことにより、現代にも命脈を保つ民俗資料や創作物として残されることに繋がったのである。

主な妖怪たち

悪路王　東北地方の語り物文芸や在地伝承に登場する鬼の頭目「悪路王」は、坂上田村麻呂によって征伐された東北地方の蝦夷の族長、阿弖流為のことだともいわれる。岩手県を中心とする東北地方では、悪路王率いる鬼たちは平泉町達谷にある達谷の窟を根城にしていたと伝えられる。また悪路王の首を模したという木彫りの彫刻が、茨城県の鹿島神宮に納められている。

岩手山の鬼　岩手山には大武丸という鬼の首領がいた。大武丸は後に「鬼ヶ城」とよばれる土地の穴を根城にして、数多くの鬼を従えて麓の人々を苦しめていた。田村将軍が奥州征伐を行った際、立烏帽子と名乗る神女が現れて先達を務めた。この立烏帽子が鎮座したのが、岩手山の東にある御姫ヶ岳であるという。立烏帽子の助力を得て田村将軍は鬼の征伐を進め、生き残った鬼は閉伊郡の方に逃げ去った。結局、最後には１匹の片目の鬼が岩手山の権現様のお使いとして生き残ったのみ

であった。毎年、登山客が汚した山を綺麗に掃除しておくのは、この片目の鬼の役割であるという（『旅と伝説』3-8）。こうした伝承には、東北地方の語り物文芸である奥浄瑠璃『田村三代記』の筋書きなどからの影響があるものと考えられている。

オシラサマ　青森、岩手などの東北地方には、オシラサマ、オクナイサマなどといった名称の屋敷神を祀る家が少なくない。多くは男女一対の、木製の人形の姿をした神である。子どもと遊ぶことを好み、大人が扱いを誤って機嫌を損ねると罰が当たる。オシラサマは屋敷の守り神であると同時に、祟りにも似た罰をもたらす激しい性格を宿してもいた。時に中空を飛んで、みずから収まるべき家を探し出すこともあるという。遠野地方には、次のようなオシラサマの起源譚が伝わっている。長者の美しい娘が、飼っている馬に恋をして厩舎で寝るようになってしまった。これを知った娘の父は、馬を桑の木に吊り下げて殺した。死んだ馬の首にとりすがって嘆き悲しむ娘の後ろから、父親が馬の首を切り落とすと、娘は馬に乗って天に昇っていった。これがオシラサマの起源であり、ゆえに馬を吊り下げた桑の木で神像をつくるのだという（『遠野物語』）。

ガタゴン　現代に入って登場した妖怪の伝承。1992（平成4）年、岩手県山形村（現・久慈市）の畑で、類人猿のものにも似た大きな足跡が発見され、巨大な人型の生物に関する噂話が生じた。ガタゴンの名称は、山形村に由来する。ガタゴン命名のもととなった広島県のヒバゴンや、イエティ、サスクワッチなど、世界各地の霊長類型 UMA（未確認動物）目撃情報とも共通する、現代的な妖怪の一種だといえる。

河童　遠野には河童にまつわる話が多い。現在も残る河童淵は、往年の遠野の面影を残している。『遠野物語』には、有名な「遠野の河童は面の色赧きなり」という一文がある。姿かたちも名称もさまざまなものであった全国各地の「河童」的な妖怪たちが、江戸期から近代にかけてそのイメージを共通化させていったのに対して、遠野の河童が赤いという情報は、『遠野物語』によって印象づけられ、遠野においても他の地域においても、比較的よく知られた事実となった。佐々木喜善「奥州のザシキワラシの話」は、地元の人々の話として、河童とザシキワラシとが同一のものだという説を紹介している。遠野における両者はどちらも赤い姿をしており、人間の子どもに似ている。川から上がった河童が、座敷に上がっ

て枕返しなどの悪戯などをするのだという。遠野にはまた、河童の別名らしき「フチサル」という妖怪もいる。

カブキレワラシ

遠野地方に伝わる、木に棲む妖怪。胡桃の木の三又のところで遊んでいる、顔の赤い子ども姿の妖怪だという。また、同じく遠野には、マダの木のうろ（穴）に住む妖怪もおり、これは時に子どもの姿をとって座敷に上がると、その家の娘に対して悪戯をはたらいたという。東北地方にはザシキワラシに類した、屋敷に棲みついている妖怪の伝承が多いが、カブキレワラシなどは庭木に棲んでいるところにひとつの特徴がある。

クサイ

人に取り憑いたり化かしたりする妖怪。青森県、岩手県などに分布する。動物妖怪としての狐や狸に近い存在ではあるものの、「クサイ」という独立した名称をもっており、狐狸とは似て非なるものとして認識されていたようである。その名称は、臭気に由来するともいう。岩手県九戸郡では、クサイは人に取り憑こうとする際、鼠、猫、犬、子馬、あるいはこれから取り憑こうとしている人の知人などに化けて通うと考えられていた（『伝説雑纂』）。クサイに憑かれた人は、具合が悪くなったり、おかしな言動をみせたりするようになる。下閉伊郡の「さいの神」という峠にはヤズクサエ（クサエはクサイと同義）という妖怪がおり、これに騙されると死ぬとして恐れられていた。

ザシキワラシ

柳田國男『遠野物語』で有名になったザシキワラシは子どもの姿をしており、裕福な屋敷だけに住み着き、時折いたずらなどをする。しかし、屋敷以外の者には見えないという。屋敷以外の者が目撃するときは、ザシキワラシが屋敷を出ていくときであった。出ていかれた屋敷は、やがて没落する。『遠野物語』に情報を提供した遠野出身の佐々木喜善は、「奥州のザシキワラシの話」などで、遠野に伝わるもっと多様なザシキワラシのイメージを紹介している。佐々木によれば、ザシキワラシにはチョウピラコ、ウスツキコ、ノタバリコなどさまざまな種類があるという。その姿かたちも、よく知られた男児や女児のほか、老婆の姿をとるものもあり、細長い手だけをみせるものもあるという。

現代に入ってからは、金田一温泉の旅館に出るザシキワラシの話などが、マスメディアを通じて全国的に有名になった。本来、ザシキワラシという妖怪は、近代以降の岩手を中心とした東北地方の一部のみに伝わる妖怪で

ある。ザシキコゾウ、クラワラシ、クラボッコ、オクラボウズなど、屋敷や蔵に住む子どもの妖怪は各地に伝わるが、「ザシキワラシ」という名称は岩手を中心とした東北以外にみられないものであった。それが、『遠野物語』その他の文芸作品や、マスメディアなどを通して広く全国区に伝えられた結果、東北地方以外の各地にも「ザシキワラシ」の名称が知られるようになったものと考えられる。

ザンビキワラシ

気仙沼周辺では、河童に類した妖怪を指してザンビキワラシという。ザンビキワラシは小学校低学年の児童程度の大きさをしており、子どもと見間違えて近づいたりすると、水中に引きずり込まれてしまうという（『民俗採訪』）。

ノリコシ

はじめは小坊主のような姿で現れるが、次第に大きくなって人を驚かす妖怪。影法師のようにはっきりと姿が見えず、正体を見極めようとすると背丈が伸びて見上げざるを得なくなる。そのため、はじめに頭を見てから段々と視線を下にずらすと消えてしまうのだという。各地に伝わる見越し入道や入道坊主などに類したものである。

経立（ふったち）

長い年月を生きた動物が、神や妖怪のような存在に変化するという考え方は日本中に存在している。遠野地方では、年を経た猿や犬を「経立（ふったち）」とよんで恐れていた。山に近づくと、こうした動物の妖怪に出くわすことがあったという。『遠野物語』は、子どもをおどす際に「六甲牛山の猿の経立が来るぞ」などと言うことがあったと記す。猿の経立は人間に似ていて、時に人間の女をさらったという。また、毛に松脂を塗ってその上に砂を付けているため、毛皮が鎧のようになっていて鉄砲の玉が効かないともいう。

御犬（オオカミのこと）の経立も遠野の人々に恐れられていた。あるとき、御犬の経立が数匹、二ツ石山の岩の上にいて、代わる代わる吠えていた。その躰は通常のオオカミよりも大きく、生まれたての子馬ほどあったという。かつての日本では野犬とオオカミとの区別が曖昧であったため、オオカミのことをオイヌ・オイヌサマなどとよぶことがある。

マヨイガ

遠野地方では、山中にある不思議な家をマヨイガ（迷い家）とよぶ。山に入った人が、ごくまれに見慣れぬ立派な屋敷を見つけることがあるが、その中の座敷では鉄瓶の湯がたぎっているにもかかわらず、誰の姿を見かけることもない。マヨイガに行き当たった者は、

必ず屋敷の中にある食器や家畜などを持ち帰るように言い伝えられていた。その人に富を授けるために、こうした家を見せるようになっているからだという（『遠野物語』）。何も持ち帰らずに里に帰ると、川上から椀が流れてきたりする。こうして得た椀を、米などの穀物をはかる器にすると、いつまで経っても穀物の絶えることがない。再び訪ねようとしても、決してマヨイガに辿り着くことは叶わない。

モウジャブネ

九戸郡に伝わる海の妖怪。盆になると亡者船が出るといい、漁船は日没前に帰るものだという。これに出くわした場合には、節分の豆を撒くと消え失せる。盆以外の時期に出るときは「淦取り（船に溜まった海水を汲む柄杓）を寄越せ」と言われるので、底を抜いて貸すのだという（『九戸郡誌』）。各地に伝わる船幽霊や、青森県、岩手県、愛知県などの亡者船とも関連する伝承だと思われる。

山男・山女

岩手県各地には、山男、あるいは山女に関する伝承が多く残る。山男は基本的に、もとから山で生活する異人として語られるが、山女の場合は、もとは人間の女であったものの、山男にさらわれるなどして里に帰ることのできなくなった異人と化すことが多い。例えば岩手郡には次のような話が伝わっていた。紫波郡と岩手郡の間の山奥に、一軒の家があった。ある年のこと、その家の娘が出産した翌日に姿を消してしまった。数日後、家の縁側に山男の草鞋が片方だけ置いてあった。後に里の青年がマダの木の皮をとろうとして山奥に入ったところ、偶然、失踪した娘に出会った。娘は青年に、もはや実家に戻れる身分ではなくなったので、家族に達者で暮らすよう伝えてくれと告げ、マダ林へと案内した。その後、青年が山に入ってマダ林を探しても、マダ林も娘も、ふたたび見かけることはなかったという（『旅と伝説』4-8）。

ユキオナゴ

陸中では、夜中に樵たちが山小屋で休んでいるとユキオナゴがやってくると言い伝えられていた。ユキオナゴは透き通るような白い肌を真っ白な着物姿で包み、小屋の入り口から中を覗いて微笑みかける。誘いに乗って小屋を出て行くと、明け方頃に呆けた状態で戻ってくる。こうした男はその後一生、精を失うと考えられていた。遠野地方では、小正月の1月15日あるいは冬の満月の夜には雪女がたくさんの子どもを連れて外で遊ぶという。そのためこの時期、子どもたちは早く家に帰るように言い含められるのが常であった（『遠野物語』）。

高校野球

岩手県高校野球史

　岩手県では1886年に盛岡中学（現在の盛岡一高）で野球が行われた記録があるという．99年には盛岡中学で野球部が正式に創部，1901年には一関中学（現在の一関一高），福岡中学（現在の福岡高校）でも創部された．当時の盛岡中学は全国的にも知られた強豪であった．

　16年の第2回大会では東北予選が開かれ，一関中学が岩手県勢として初めて全国大会に出場，翌17年は盛岡中学がベスト4まで進んでいる．その後は，福岡中学，盛岡中学，盛岡商業，遠野中学（現在の遠野高校）などが県内の有力校として活躍した．

　戦後，県内の勢力が大きく変わり，54年には国体に出場した盛岡三高が決勝で芦屋高校を破って優勝した．55年春には一関一高が選抜に選ばれ，初めて東北代表が春の大会で甲子園の土を踏んだ．

　74年東北地方のトップを切って2次予選がなくなり，県内は戦国時代に突入した．傑出した学校はなくなり，毎年いろいろな学校が活躍を見せた．

　そうした中旋風を巻き起こしたのが，84年選抜に出場した大船渡高校である．同校は，多々良学園高校，日大三島高校を降した後，準々決勝では強豪明徳義塾高校をも1−0で完封してベスト4まで進んで，注目を集めた．

　平成に入ると岩手県でも私立高校が台頭，一関商工（後の一関学院高校），専大北上高校，盛岡大附属高校などが活躍した．

　21世紀になると，岩手県は剛速球投手を輩出した．2009年選抜で花巻東高校が菊池雄星投手を擁して岩手県勢として初めて決勝に進出すると，入れ代わって大谷翔平選手が投打に活躍．さらに甲子園には出場できなかったものの，2019年夏に大船渡高校の佐々木朗希投手が非公式ながら163キロをマークして全国の注目を集めた．

一関一高 （一関市, 県立）
春2回・夏4回出場
通算1勝5敗

1898年岩手県一関尋常中学校として創立. 99年岩手県一関中学校, 1901年県立一関中学校と改称. 48年の学制改革で県立一関第一高校となった. 49年に一関第二高校, 市立女子高校, 組合立一関農業高校を統合して, 県立一関高校となったが, 51年に再び一高と二高に分離した.

01年に県内2番目の野球部として創部. 16年の第2回大会で全国大会に出場するなど, 大正時代は東北を代表する強豪校として知られた. 2004年春に21世紀枠代表として49年振りに甲子園に出場している.

一関学院高 （一関市, 私立）
春2回・夏6回出場
通算3勝8敗

1938年私立の一関夜間中学校として創立. 48年の学制改革で一関商工高校となる. 2001年一関学院高校と改称.

1952年に軟式から硬式に転じて創部. 74年夏に甲子園初出場. 87年夏に宇和島東高校を降して初勝利をあげた.

大船渡高 （大船渡市, 県立）
春1回・夏1回出場
通算3勝2敗

1920年気仙農学校として創立. 23年盛農学校, 38年盛農業園芸学校, 44年盛農業学校を経て, 48年の学制改革で盛農業高校となり, 翌49年に普通科を併設して盛高校と改称. 62年大船渡高校と改称.

49年創部. 84年選抜に初出場すると, ベスト4まで進んで甲子園に「大船渡旋風」を巻き起こした. 同年夏にも出場. 2019年夏には佐々木朗希投手が非公式ながら163キロを記録して話題になった.

釜石高 （釜石市, 県立）
春2回・夏0回出場
通算1勝2敗

1914年創立の釜石町立釜石女子職業補習学校が前身. 20年町立釜石実科高等女学校として創立. 39年市立釜石高等女学校となり, 48年の学制改革で県立釜石第二高校となる. 翌49年釜石第一高校 (旧釜石中学校) と統合して県立釜石高校となった. 63年釜石南高校と改称. 2008年に釜石北高校を統合して, 釜石高校に戻る.

旧釜石中学時代の1945年に創部. 96年選抜に釜石南高校として出場. 2016年選抜には釜石高校として21世紀枠代表で出場し, 同じ21世紀枠代表の小豆島高校を降して初戦を突破した.

黒沢尻工 (北上市, 県立)
春1回・夏3回出場
通算1勝4敗

1939年県立黒沢尻工業学校として創立. 48年の学制改革で県立黒沢尻工業高校となったが, 翌49年に普通科を新設して和賀高校と改称. 52年黒沢尻工業高校と改称.

46年創部. 57年夏に甲子園に初出場し, 77年夏には鹿児島商工を降して初勝利をあげた.

専大北上高 (北上市, 私立)
春1回・夏5回出場
通算3勝6敗1分

1947年岩手洋裁専門学校として創立. 51年黒沢尻女子高校, 57年北上商業高校を経て, 61年専修大学附属北上商業高校となる. 63年校名を専修大学附属北上高校とした.

57年創部. 72年選抜に初出場し, 花園高校を降して初勝利をあげた. しばらく低迷した後, 91年夏に甲子園に復帰, 以後は出場を重ねている.

遠野高 (遠野市, 県立)
春1回・夏1回出場
通算1勝2敗

1901年県立遠野中学校として創立. 48年の学制改革で県立遠野第一高校となり, 翌49年遠野第二高校と合併して県立遠野高校となった.

創部は02年とも04年ともいう. 21年から予選に出場. 32年夏に甲子園初出場, 平壌中学を降して初戦を突破. 戦後, 58年選抜にも出場している.

花巻北高 (花巻市, 県立)
春0回・夏3回出場
通算0勝3敗

1931年組合立花巻中学校として創立. 38年県立に移管. 48年の学制改革で県立花巻北高校となる.

34年創部. 63年夏に甲子園初出場. 以後, 66年夏, 71年夏と夏の大会に3回出場している.

花巻東高 (花巻市, 私立)
春3回・夏10回出場
通算16勝13敗, 準優勝1回

1954年創立の花巻商業専門学院が前身. 56年花巻商業高校として創立.

75年富士短期大学附属花巻高校となり，82年谷村学院高校と統合して，花巻東高校となる.

創立と同時に創部し，花巻商業時代の64年夏に甲子園初出場．花巻東高に改称後，90年夏に26年振りに出場した．2005年夏に3度目の出場を果たすと，以後は常連校となり，09年選抜では菊池雄星投手を擁して岩手県勢として初めて決勝に進んだ．他のOBには大谷翔平がいる.

福岡高 （二戸市，県立） 春0回・夏10回出場 通算4勝10敗

1901年岩手県3番目の中学校・県立福岡中学校として創立．48年の学制改革で福岡高等女学校を統合して県立福岡高校となる.

創立と同時に創部したが，正式に認められたのは05年という．27年夏に甲子園初出場，戦前だけで夏の大会に5回出場した．27年夏の準々決勝の高松商業戦では，戸来誠投手が甲子園史上初の満塁策で切り抜け話題となった．戦後も出場を重ね，夏の大会に10回出場している.

宮古高 （宮古市，県立） 春2回・夏1回出場 通算0勝3敗

1923年町立宮古実科高等女学校として創立．29年県立に移管し，県立宮古高等女学校となる．43年県立宮古中学校が創立．49年の学制改革で両校を統合して県立宮古高校となった.

46年に宮古中学校で創部．59年夏に甲子園初出場．62年選抜では初戦で松山商と対戦し，延長15回の末に惜敗している．その後，92年選抜に30年振りに出場した.

盛岡一高 （盛岡市，県立） 春0回・夏9回出場 通算7勝9敗

1880年岩手中学校として創立，99年岩手県盛岡中学校と改称．1948年の学制改革で盛岡第一高校となる．翌年盛岡商業高校と統合して盛岡高校となるが，51年分離して盛岡第一高校に戻る.

1899年に創部した名門．明治末から大正初めにかけては全国でも屈指の強豪として知られ，1917年夏に初出場してベスト4に進出．19年夏もベスト4に進んだ．戦後も出場を重ね，68年夏にはベスト8に進んでいる．その後は，78年夏に出場している.

盛岡工 （盛岡市，県立）　春0回・夏2回出場
通算0勝2敗

1898年岩手実業学校として創立．1901年県立工業学校，39年県立盛岡工業学校と改称．49年の学制改革で県立高松高校となり，53年県立盛岡工業高校となった．

46年創部．81年夏に甲子園初出場．翌82年夏にも出場した．

盛岡三高 （盛岡市，県立）　春0回・夏2回出場
通算2勝2敗

1963年県立盛岡第三高校として創立し，同時に創部．67年に村田栄三監督が就任して強くなり，73年夏に甲子園初出場．3回戦まで進んで高知商業に延長14回の末に惜敗した．89年夏にも出場している．

盛岡商 （盛岡市，県立）　春1回・夏3回出場
通算0勝4敗

1897年盛岡商業学校として創立．一時閉鎖を経て，1913年市立に移管して盛岡市立商業学校となった．26年には県立に移管．48年の学制改革で盛岡商業高校となるが，翌49年盛岡高校に統合される．51年分離して盛岡第三高校となり，52年に盛岡商業高校に復活した．

21年創部．36年夏に甲子園初出場．戦後も，春夏合わせて3回甲子園に出場している．

盛岡大付高 （盛岡市，私立）　春5回・夏10回出場
通算10勝15敗

1952年創立の盛岡生活学園が前身．58年女子校の生活学園高校として創立．63年共学化．81年に盛岡大学が開校し，90年盛岡大学附属高校となる．

80年創部．95年夏には甲子園に初出場，以後常連校となるが，2012年夏まで甲子園初戦9連敗を喫した．13年選抜で安田学園高校を降して初勝利をあげると，17年には春夏連続してベスト8に進んでいる．

⊙岩手県大会結果（平成以降）

	優勝校	スコア	準優勝校	ベスト4		甲子園成績
1989年	盛岡三高	12－6	宮古北高	花巻東高	一関商工	初戦敗退
1990年	花巻東高	4－0	花北商	黒沢尻北高	麻生一関高	初戦敗退
1991年	専大北上高	6－5	一関商工	水沢高	高田高	3回戦
1992年	一関商工	5－4	専大北上高	花巻東高	久慈商	2回戦
1993年	久慈商	12－3	盛岡一高	住田高	花北商	初戦敗退
1994年	盛岡四高	2－0	一関一高	大船渡高	高田高	2回戦
1995年	盛岡大付高	10－0	花巻北高	高田高	盛岡中央高	初戦敗退
1996年	盛岡大付高	4－3	花北商	前沢高	盛岡中央高	初戦敗退
1997年	専大北上高	4－1	花巻東高	水沢高	盛岡大付高	3回戦
1998年	専大北上高	14－0	大船渡高	一関工	釜石南高	初戦敗退
1999年	盛岡中央高	4－2	専大北上高	大槌高	盛岡四高	初戦敗退
2000年	専大北上高	9－0	盛岡中央高	盛岡商	前沢高	初戦敗退
2001年	盛岡大付高	4－1	専大北上高	福岡高	一関学院高	初戦敗退
2002年	一関学院高	8－3	釜石南高	専大北上高	盛岡商	2回戦
2003年	盛岡大付高	1－0	福岡高	盛岡中央高	花巻東高	初戦敗退
2004年	盛岡大付高	8－7	一関学院高	花巻東高	専大北上高	初戦敗退
2005年	花巻東高	4－3	盛岡中央高	大船渡高	盛岡大付高	初戦敗退
2006年	専大北上高	5－1	盛岡大付高	一関学院高	大船渡高	初戦敗退
2007年	花巻東高	4－3	専大北上高	盛岡大付高	一関学院高	初戦敗退
2008年	盛岡大付高	2－1	盛岡中央高	盛岡一高	水沢高	初戦敗退
2009年	花巻東高	2－1	盛岡一高	盛岡中央高	盛岡大付高	ベスト4
2010年	一関学院高	8－2	盛岡大付高	盛岡一高	盛岡四高	初戦敗退
2011年	花巻東高	5－0	盛岡三高	盛岡四高	盛岡大付高	初戦敗退
2012年	盛岡大付高	5－3	花巻東高	不来方高	一関学院高	初戦敗退
2013年	花巻東高	5－1	盛岡大付高	盛岡四高	一関学院高	ベスト4
2014年	盛岡大付高	5－4	花巻東高	盛岡三高	専大北上高	3回戦
2015年	花巻東高	9－8	一関学院高	専大北上高	盛岡北高	3回戦
2016年	盛岡大付高	1－0	一関学院高	専大北上高	一関工	3回戦
2017年	盛岡大付高	9－0	久慈高	盛岡四高	大船渡東高	ベスト8
2018年	花巻東高	4－3	盛岡大付高	一関学院高	盛岡市立高	初戦敗退
2019年	花巻東高	12－2	大船渡高	黒沢尻工	一関工	初戦敗退
2020年	一関学院高	4－1	盛岡大付高	高田高	花巻東高	（中止）

やきもの

小久慈焼（茶碗）

地域の歴史的な背景

東北地方の特に積雪地帯では、陶器の製陶作業がむつかしかった。粘土が凍みるし、窯焚きでも高温を保つことが困難だったからである。

しかし、近世江戸期になると、参勤交代や伊勢参宮などによって各地の生活の情勢が伝えられてくる。その中に、便利な容器としての陶磁器が含まれていた。特に、食器としての磁器の出現と流通は、先進の生産地（肥前有田：佐賀県や尾張瀬戸：愛知県）から遠い東北地方では、驚異的なことだっただろう。

そこで、それをいち早く大量に入手したい、とするむきがでてくるのは当然のことだった。藩の経済振興を図ろうとする為政者もでてきた。東北地方におけるそれは、西日本の大藩における雅器（特に茶器）を焼かせる趣味的な藩用窯とは違った、殖産興業の試みであった。それ故に、より商品価値が高い磁器生産を試みるのであるが、それは容易なことではなかった。例えば、山蔭焼である。盛岡城下の八幡町山蔭に窯を築いたところから、そう呼ばれた。藩営の窯で、肥前から職人を呼んだ、と伝わる。染付磁器の完成を図ったが、凶作が続いたため、たった2年間で廃窯のやむなきに至った。なお、その後、山蔭焼が転じるかたちで花古焼（染付磁器）ができたが、これも長続きはしなかった。

主なやきもの

小久慈焼

久慈市で焼かれる陶器。開窯は、江戸時代の文化年間。『八戸藩勘定所日記』には、文化10（1813）年に小久慈村天田内の甚六が相馬（福島県）

の陶工嘉蔵にやきものを焼かせることを願い出て、三日町（大川目町字三日町）に窯を築いた、と記されている。その後、甚六家（後に熊谷姓を名乗る）が陶法を学び、昭和30年代まで熊谷家系によって引き継がれてきた。窯は、後に下日当（小久慈町）に移された。

　製品は、鉢・擂鉢・碗・皿・蓋付き小壺などの日常雑器から酒器や花器まで多種に及ぶ。香炉や傘立てなど透し彫を施した細工ものもある。糠白釉（乳白色系）や飴釉（飴色系）に仕上げられたものが多く、それが小久慈焼の特色となっている。ちなみに、糠白釉は主に地元でとれる大麦を原料とし、飴釉も地元の山砂鉄を使っている。

　なお、この砂鉄からは副産物として砂鉄鍋がつくられている。釉薬に使われなかった砂鉄を有効利用したもので、分厚いどっしりした天ぷら鍋やすきやき鍋は逸品として知られる。

　戦後、経営難に苦しんだが、岩手県と長内町（久慈市）が振興を図り、昭和33（1958）年に小久慈焼企業組合が結成された。昭和44（1969）年には現在地に移転し、量産が図られるようになった。その一方で、伝統工芸としての小久慈焼も継承されている。

　近年は、JR東日本の観光列車「TOHOKU EMOTION」（八戸線）や「TRAIN SUITE 四季島」の飲食用の器に採用されている。

台焼

　明治28（1895）年に、花巻市台温泉で地元の杉村勘兵衛が開窯した。昭和12（1937）年には花巻温泉に移転し、今日まで杉村家によって継承されている。

　台焼の特色は、市内金矢で採れる土を使った磁器で、「臺焼」の銘を持つ。染付を主体とした花器・茶器・酒器・食器類など製品は多種に及ぶ。青磁、あるいは黒色系、乳白色系の製品が多く、有田（佐賀県）や瀬戸（愛知県）など磁器の先進地に迫る作陶技術がうかがえる。大正10（1921）年の花巻温泉の開発に伴って、土産品としても発達した。

　なお、台焼の窯元のほど近い所に瀬山窯がある。台焼創始者の孫が開いた窯で、日常雑器も焼くが茶陶に重きが置かれている。

鍛冶丁焼

　享和元（1801）年、古館伊織が仙台から来た陶工林右衛門に学び、花巻市藤沢町に開窯した、と古館家の伝承にある。古館家は、代々花巻人形の製作に携わる家柄であり、天保7（1836）年の同家の『万控帳』には、大規模な窯を築いてやきものを焼いていたことが記されている、という。翌年には、名字帯刀を許されて盛岡藩の御用焼物師となった。

　製品は、鉢・甕・徳利・皿・片口・植木鉢・油壺など多種の日常雑器が中心である。釉薬の種類も多く、黒色から明るい褐色までさまざまな色の鉄釉や糠白釉が施されている。

　明治末に本家が廃業し、その後は分家に引き継がれたが、昭和18（1943）年頃に廃絶。その後、昭和22（1947）年に花巻市石神町に阿部勝義が新たに鍛冶丁焼を名乗って開窯。伝統的な手法を再現している。

その他の新興の窯

　昭和45（1970）年に盛岡の市街地の北の丘陵地に開窯した南部焼、昭和48（1973）年に藤沢町（東磐井郡）に開窯した藤沢焼、平泉町の北隣の衣川村（奥州市）に昭和58（1983）年に開窯した阿都麻焼などがある。

南部焼　大小の皿、小鉢や丼、コーヒーカップ、急須、湯呑、徳利、花瓶など多種に及ぶ。特色は、白釉にややデフォルメされた花柄が描かれていること。灰釉を使ったものも数多い。

藤沢焼　特徴は穴窯で、アカマツを焚く焼き方にある。釉薬を使わず高温で焼成することで、アカマツの灰が飛んで器面に付着し、焼き上がりは緑の釉薬を掛けたようになる。製品には甕や壺、花器などの大型のものから徳利や皿、湯呑などまでさまざま見られるが、いずれも素朴なぬくもりを感じさせる。

阿都麻焼　花器、食器、酒器など日常使いの器に、その名称の由来ともなったこの地方の伝説の女性とされる「阿都麻」をイメージした女性の顔が描かれているのが特徴的である。他に、草花を具象的に、あるいはデフォルメして描いたものもある。

Topics ● 盛岡の手づくり村

　昭和61（1986）年、盛岡市内に「盛岡手づくり村」がオープンした。盛岡手づくり村は、3つのゾーンから構成される全国でも類例のない複合施設である。公益財団や行政など官の公益性と協同組合の柔軟な民間性を運営に生かして、地場産業の振興発展と観光振興を目指そうという取り組みといえる。

　まず、盛岡地域地場産業振興センターゾーン。ここでは、文字通り地場産業の振興を目指し、情報の収集提供や人材の育成、商品開発、地域住民との交流促進など、公益事業を主な目的としている。展示即売室では、村内の工房でつくられた商品ばかりでなく、各地場産業界の商品も数多くそろえている。また、展示資料室では、地場製品の製造工程や歴史などを DVD やパネルで展示。他に各種研修室も備えている。

　次に、工房ゾーン。ここは、盛岡手づくり村の顔ともいえる施設で、職人たちが毎日ものづくりを行っている。もともとはそれぞれの地域内で製作活動を行っていた職人たちが移転してきたもので、ここでは見せるためではなく、本物のものづくりが行われている。現在、郷土玩具や民芸家具、南部鉄器、藍染など工房は全部で15軒。やきものは、北杜窯1軒である。

　3つ目が南部曲り家ゾーン。200年ほど前に建てられた南部曲り家を移築したものである。当時の柱や床板などがそのまま使われている。この辺りは昔から農業が盛んで、トラクターなどのなかった時代は馬が大切であった。そのため、人間が住む家と馬小屋がくっつき、主人がいつでも馬の様子を見られるように工夫されている。南部独特の建物であり、内部は当時をしのばせる農耕具なども陳列されている。囲炉裏に座ると、昔にタイムスリップしたような感覚も味わうことができそうである。

　なお、平成27（2015）年には、入場者が2千万人に達した、という。

IV

風景の文化編

地名由来

「岩が出る」が由来？

　もともと現在の東北地方は「陸奥国」と「出羽国」で成り立っていた。明治政府はこの一帯の行政区域が明確でなかったことから、明治元年（1868）12月、陸奥国を「磐城」「岩代」「陸前」「陸中」「陸奥」の5か国に分割した。現在の岩手県は「陸中国」「陸前国北東部」「陸奥国南部」を占めることになった。

　それにしても、これは理解に苦しむ地域割である。もともと盛岡を中心にした南部藩の領域も青森県と分割され、さらに県の南部は伊達藩に属しており、いわば、南部藩の中核部分と伊達藩の一部を切り取ったかたちになっている。

　盛岡藩南部家は奥羽越列藩同盟の中核として官軍と戦ったが、明治元年（1868）9月24日ついに降伏し、盛岡藩は20万石から13万石に減封された。しかも、白石に転封であった。白石は仙台藩の一部で、言うまでもなく列藩同盟発祥の地であり、まさに「朝敵同盟」の本拠地であった。それと同時に、白石藩は北海道に飛ばされることになる。

　明治4年（1871）11月、政府は全国の県の統合を図り、この地域に「一関県」と「盛岡県」を置いた。そこには、次のような郡が含まれていた。

　　　一関県…気仙・本吉・栗原・登米・玉造・胆沢・江刺
　　　盛岡県…和賀・稗貫・志波・岩手・閉伊・九戸

　ところが、翌5年（1872）1月、突如「盛岡県」は「岩手県」に改称されてしまう。その理由は、県庁は盛岡市にあるが、盛岡という名前は旧藩の因習を残しているので、盛岡がある「岩手郡」の「岩手」をとって「岩手県」にしたということである。しかも、ポイントは盛岡県のほうから「県名改称支度届」を出させていることである。政府の意図は、朝敵となった藩名は使わせないということにあったのだが、それを命令とせずに、「届」としたということである。

「不来方城」から「盛岡」に変えたいきさつは後で述べるが、「岩手県」よりも「盛岡県」のほうがよほどこの地になじんでいると思うのは私だけではあるまい。

「岩手」の地名の由来は間違いなく「岩手山」にあったと考えられる。標高2,038メートルで、東北切っての名峰である。岩手山の東側に「焼走り溶岩流」が残っており、その溶岩の岩が出るところから「岩出」となり、後に「岩手」に転訛したものとみられる。

とっておきの地名

①相去（あいさり）

北上市に「相去」という珍しい地名がある。そこには南部藩と伊達藩の微妙な駆け引きが隠されている。こんな話である。

寛永年間（1624～44）岩手県の江刺・胆沢両郡が伊達政宗の領地に、和賀以北が南部利直の領地に定められたのだが、どうもその境目がはっきりしない。境目をはっきりさせようと、伊達の殿から南部の殿に申し入れがあった。

"双方が同日同時刻、午に乗ってお城を出て、出会ったところを境にしよう"という提案である。これは南部侯にとっては有利と思える提案であった。金ヶ崎どころか水沢あたりまで領地を延ばせる公算があったからだ。

ところが、実際に落ち合ったのは「鬼柳（おにやなぎ）」と「相去（あいさり）」の境であった。これはいかにと思って見ると、南部侯は「牛」に乗ってきたにもかかわらず、なんと伊達候は「馬」に乗って来ているではないか！

「これは話が違い申そうか……」と南部侯が言うと、「そんなことはあるまい。わしの手紙をとくとご覧あれ」と伊達候は言う。手紙をよく見ると、「乗り物は午」と書いてある。干支の「午」を南部侯は「牛」と読み違えたのであった。伊達候は「馬」という漢字を使わず、わざわざ「午」の文字を使って南部侯を欺いたことになる。結局、伊達候と南部侯はここを「相去って」、「相去」という地名が生まれた……という話である。

この話を単なる作り話として聞き流すこともできるが、面白いのはここに南部藩の人々のやるせない気持ちがよく現れていることである。南部藩の20万石に対して伊達藩は62万石で、南部は伊達に一歩も二歩も譲らざるを得なかった歴史的経緯があった。その悔しさがよく伝わっている。

②**一関**（いちのせき）　県南に位置する県下第二の都市。「一関」の由来としては諸説あるが、いちばん有力な説に「一堰」（いちのせき）説がある。北上川の洪水を防ぐのに、「一堰」「二堰」「三堰」を築いたことにちなむというのである。資料としては、室町期成立とみられる「月泉良印禅師行状記」に「一堰願成寺」とあり、また、文明16年（1484）の中尊寺巡礼札には「三堰」とあるとされる。（『岩手県の地名』）

　「堰」が「関」に転訛する例はいくつもある。東京都文京区の「関口」という地名は、江戸時代に神田川を堰きとめて上水を送ったという「大洗堰」がルーツとなっている。

　一方、「一関」は「関所」に由来するという説もあるが、この説の最大の問題は、関所を第一から第二、第三と、近接して置くことなどあり得ないということで、この関所説は信憑性を持たない。

③**吉里吉里**（きりきり）　昭和56年（1981）、井上ひさしの『吉里吉里人』という小説で一躍有名になったところ。経済大国日本から長く煮え湯を飲まされてきた東北の「吉里吉里国」が突如独立するという破天荒なドラマで、いかにも東北（山形県）出身の井上ひさしらしい作品であった。

　この地域は明治22年（1889）4月に「大槌町」（おおつちちょう）が成立するまで「吉里吉里村」と称していた。江戸時代から塩鮭の生産地として知られていたが、その中心になったのは「吉里吉里善兵衛」こと「前川善兵衛」であった。善兵衛は「みちのくの紀伊國屋文左衛門」とも呼ばれた豪商で、広く三陸沖の漁業権を掌握して、廻船問屋として活躍したと伝えられる。もとは相模国の生まれだが、すっかり吉里吉里に根づいて偉大な英雄として扱われている。

　小説の中で「砂浜を歩きますと、きりきりと砂が軋みますでしょう。そこでアイヌ人たちは砂浜のことをきりきりと呼ぶようになったのだそうですね」とその由来まで説いている。

④**不来方**（こずかた）　今の盛岡市はかつて「不来方」と呼ばれていた。さんさ踊りの発祥の地として知られる三ツ石神社に「不来方」をめぐる伝説が残されている。

　その昔、この地方に羅刹（らせつ）という鬼が住んでいて、住民を苦しめていた。そこで、三ツ石の神が鬼を石に縛りつけたところ、鬼は再び悪さをしない

ことを約束し、その証文として三ツ石に手形を押したという。こうして鬼が再び「来ぬ」ようにということで、この地を「不来方」と呼ぶようになったという話である。

やがてこの地に進出した盛岡藩の二代藩主南部利直が「不来方」は「心悪しき文字」と忌み嫌い、「森ヶ岡」に改称したという。その後、いつしか「森岡」に転訛し、四代藩主重信の代元禄4年（1691）に「盛岡」と変えられたという。「盛り栄える」という縁起をかついだ名称である。

盛岡城跡には、盛岡中学校（現盛岡第一高等学校）の教室から抜け出て文学書を読みふけったという石川啄木の碑が建っている。

　　　不来方のお城の草に寝ころびて
　　　　　空に吸はれし十五の心

⑤ 雫石（しずくいし）　盛岡から秋田方面に向かう地点に「雫石町（しずくいしちょう）」がある。岩手県を代表する地名の1つである。由来は、西根（にしね）の雫石神社境内の清水が銚子の形をした岩から垂れ落ちる「滴石たんたん」によるとされる。中世には「滴石」と表記されたが、後に「雫石」に転訛した。「しずく」は「滴」「雫」どちらの漢字を使ってもよいのだが、「雫」のほうがより実態に合っている。雫石神社の境内には今も雫が垂れていたという洞窟がある。

江戸期には秋田街道沿いの宿場であったが、明治22年（1889）の町村制の施行で「雫石村」が成立し、昭和15年（1940）「雫石町」になっている。小岩井農場などの観光地を有する。

⑥ 千厩（せんまや）　東磐井郡にあった「千厩町（せんまやちょう）」は平成17年（2005）の大合併によって一関市の一部になった。地名の由来については、奥州藤原氏がこの地に厩舎を建てて多くの馬を育てたことから「千馬屋」と呼ばれたというが、これは根拠がない単なる伝承である。薄衣街道（284バイパス）の近くに「千厩地名発祥の地」の碑と説明板が建っている。それによると、源頼義、義家父子が安倍貞任を討つために戦った前九年の役の際、義家がここに陣を敷き、千頭の軍馬を繋いだことによるとある。

これらはいかにも観光用の説明でしかなく、実際は川幅の狭い場所という意味で「狭場谷」あるいは、馬を繋いだ場所が狭いところから「狭屋」

に由来するものであろう。

⑦ 磯鶏（そけい）　宮古市にある特徴ある地名である。磯鶏小学校という学校名でも残っている。明治22年（1889）の町村制の施行によって新制「磯鶏村」が発足し、昭和16年（1941）宮古町（まち）などと合併して「宮古市」となった。

伝承によれば、入水した垂仁天皇長子是津親王の遺体が打ち上げられ、それを磯で鶏が鳴いて知らせたという。（『角川日本地名大辞典 岩手県』）だが、鶏にちなむこの種の伝説はかなり多くあり、これはあくまで伝承として受け取っておきたい。これとほとんど同じ地名伝説が長崎県対馬市の「鶏知」にある（236ページ参照）。

実際は海に面した山地が浸蝕で削ぎ落ちた地を指す「削ぎ（そぎ）」に由来するものと考えられる。

⑧ 早池峰山（はやちねさん）　北上山地の最高峰で、標高1,917メートル。「六角牛山（ろっこうしさん）」「石上山（いしかみやま）」と合わせて「遠野三山」と呼ばれる。「早池峰（はやちね）山」という美しく信仰の対象になった山ゆえに、由来には諸説ある。その代表が、山頂に霊池があり常に水が枯れることがないが、不浄の器で汲めばたちまちにして涸れてしまう、というように、「池」にちなんで説明するものである。だが、これは「池」に引きずられて解釈したもので、真実は別にある。

古来、「疾風（はやち）」とは、「はやて」のことで、この場合の「ち」もしくは「て」は「風」のことである。現代的には「しっぷう」と読むが、意味は「激しく吹き起こる風」のことである。この周辺で最高峰であるために常に「疾風」が吹きつける険しい山であり、そのために信仰の対象になったのであろう。その「疾風」が「早池」に転訛しただけのことである。さらに言えば、「峰」は「ね」とも読み、本来は「早池峰」で十分なのだが、それに「山」をつけてしまった例である。「利根川」を「Tonegawa-river」とするようなものと考えたらよい。

難読地名の由来

a.「夏油」（北上市）**b.**「轆轤石」（大船渡市）**c.**「狼森」（岩手郡雫石町）

d.「鶯宿」（岩手郡雫石町）**e.**「越喜来」（大船渡市）**f.**「大更」（八幡平市）
g.「鑓水」（胆沢郡金ヶ崎町）**h.**「繋」（盛岡市）**i.**「安家」（下閉伊郡岩泉町）
j.「愛宕」（奥州市）

【正解】
a.「げとう」（アイヌ語で崖の意味だという）**b.**「ろくろいし」（陶磁器などの製造用の轆轤に関係しているか）**c.**「おいのもり」（狼の住む森の意味と伝える）**d.**「おうしゅく」（傷ついた鶯が癒したという伝承から）**e.**「おきらい」（アイヌ語で「悲しんで死ぬ」の意味だという）**f.**「おおぶけ」（フケとは湿地帯を意味する）**g.**「やりみず」（庭園などに水を引き入れたことにちなむか）**h.**「つなぎ」（源義家が愛馬を石に繋いで入浴したという伝承にちなむ）**i.**「あっか」（アイヌ語で「清らかな水が流れるところ」の意味）**j.**「おだき」（京都の<ruby>愛宕寺<rt>おたぎでら</rt></ruby>に由来する）

商店街

末広町商店街（宮古市）

岩手県の商店街の概観

　岩手県は西部の北上川流域、東部の陸中海岸地域、両者の間の北上山間地域、および県北地域に分けられる。江戸時代、中部から北部は南部藩（盛岡）領、県南の3郡は仙台藩領に属していた。鉄道や主要道路が集中する北上川流域が交通の主軸を形成し、そこから海岸に向けて鉄道が敷設され、海岸地域の諸都市を結ぶ鉄道も整備されてきた。県域面積が広いこともあって各地域には地域中心が分立しており、特に交通が不便な海岸地域や北部では独立的な圏域が形成されている。2014年の「商業統計調査」によると、県全体に占める盛岡市の割合は、小売店舗数では21.4%、販売額では32.1%である。その他の都市では、奥州市、北上市、一関市、花巻市の集積量が大きく、販売額ベースでそれぞれ7〜9%を占めている。集積量は小さくなるが、海岸沿いでは宮古市、大船渡市、釜石市、久慈市、北上山地の遠野市、県北の二戸市が商業集積地に挙げられる。

　1970年当時では、北上川流域では盛岡を頂点として、花巻、黒沢尻（北上市）、一関、水沢（奥州市）が2番目のランクの中心地に位置づけられ、さらに下位中心地として土沢（花巻市）、岩谷堂（奥州市）が挙げられる。北上山地では遠野、北部では福岡（二戸）、久慈、海岸地域では宮古、釜石、大槌、山田などがあり、このなかでは宮古と釜石の規模が大きい。百貨店は盛岡市以外に花巻、水沢、一関、釜石に存在した。高額商品について見ると盛岡の商圏が広く覆っており、県南には仙台圏、県北では八戸圏が侵入していた。東北新幹線や東北自動車道の出現による影響はあるものの、上位の商業中心地の分布に大きな変化はなかった。

　岩手県を代表する商店街である盛岡市の中心商業地区は「大通り商店街」を中心に本町通り、肴町、盛岡駅前に広がっている。これらの商店街は形成時期が異なっており、中心が移動しつつ広がってきた。平野部では花巻

　【注】この項目の内容は出典刊行時（2019年）のものです

市の「大通商店街」、北上市黒沢尻の「本通商店街」、奥州市の「水沢商店街」、一関市の「大町商店街」などが代表的なものであり、いずれも陸羽街道（奥州街道）沿いに発達してきたが、郊外化による影響を受けている。また、遠野市の商店街のほか、一関市「大町商店街」や奥州市江刺で、蔵などの歴史遺産を活かした商店街活性化、まちづくりに取り組んでおり、世界遺産中尊寺入口（平泉町）には観光型商店街が形成されている。

　海岸地域では、宮古市の「末広町商店街」、大船渡市の「盛商店街」が規模を維持しているが、製鉄業の低迷もあって釜石市の商店街は停滞的である。2011年3月11日の東日本大震災で津波による壊滅的な被害を受けた地域では、商店や飲食店が事業を再開するため、2011年夏から中小企業基盤整備機構により長屋型プレハブの店舗が建設された。仮設商店街と呼ばれるものである。岩手県では野田村以南の10市町村に計32カ所建設され、その後撤去されたものもあるが、2017年5月末現在20カ所存在する。本格的な商店街建設に向けて用地確保などの課題が多いが、一刻も早い復興が待たれる。津波被害が比較的小さかった久慈市は、2016年の台風水害で商店街一帯が水没する被害を受け、復旧に向け取り組んでいる。

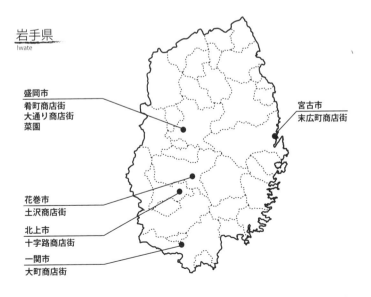

肴町商店街、大通商店街、菜園（盛岡市）

―移動・拡大する中心商店街―

　盛岡駅の北東約500mの大通り3丁目交差点から盛岡城跡までの大通商店街とその南側の菜園、中津川左岸の全蓋型アーケードのある肴町商店街が盛岡市の中心商業地を形成している。江戸時代には城の東から北に町人町が配置されており、特に、北上川水運の河岸から陸羽街道を経て城下に至る中津川左岸の河南地区の呉服町や紺屋町などが商工業の中心であった。明治に入り県庁所在都市になると、呉服町、紺屋町の通りは業務街に、東側の肴町が呉服店、薬品店、酒屋などの集積する中心商店街となった。

　1890年に東北本線が盛岡まで開通すると、駅が交通の中心となり大通りが開通し、城北は県庁、市役所などの官庁や金融機関が立地する業務街になる。さらに、昭和に入って大通りの南側一帯（菜園）で耕地整理による市街地整備が進められると、種々の専門店や飲食店、娯楽施設が集積し、中心商店街となる。1970年頃までは肴町商店街と大通商店街が中心商店街の座を競い合っていたが、駅への近接性から大通り、菜園の有利性が高くなり、1980年の川徳百貨店の肴町から菜園への移転は象徴的な出来事と言える。さらに、東北新幹線の開通に合わせた駅ビル開発やバスターミナルの設置などにより駅前の様相は一新し、盛岡市の中心商業地は拡大している。

　2001年にアーケードがリニューアルされた肴町商店街は「ホットライン肴町」と通称され、長さ365mの商店街に約80店が営業している。婦人服、靴店、メガネ店などの買回り品店のほか、老舗商店街らしくお香、履物といった店舗も見られる。また、周辺にはマンションが多く立地しており、青果、精肉、鮮魚など、食料品を扱う店舗も揃っていて、「地域の台所」としての役割も担っている。一方で、不動産賃貸業者が多いのも特徴である。商店街北口のNanakは1980年まで川徳百貨店があったところで、移転後は中三が入っていたが、2011年の東日本大震災後の爆発事故で休業に追い込まれ、Nanakとして営業再開したものである。斜め向かいのバスセンターは本商店街への集客の役割を担うものであり、駅前のバスターミナルからの誘導が課題になっている。商店街周辺は古い商家や近代建築が多く残る地区で、中の橋東詰の岩手銀行赤レンガ館は1983年ま

で本店であった建物を2016年にリニューアルオープンした。その少し南の「もりおか啄木・賢治青春館」は旧第九十銀行本店の建物を利用している。

大町商店街 （一関市）

—地産地消型商店街を目指して—

　県南部の中心都市である一関市の中心商店街。一関駅前交差点から北に伸びる県道沿い約500mに商店が並び、1997年まで千葉久百貨店があった交差点の南東角はマンション建設予定地になっている。

　商店街のある通りは陸羽街道（奥州街道）から分岐した今泉街道で、藩政時代の城下町の歴史をとどめる市街地の中心であった。戦後、2度にわたる台風水害を乗り越えて1952年に約120店による商店街として発足した。1975年、商店街南端に千葉久が出店し、福原、東光とともに一関の3つの百貨店が本商店街に揃い、宮城県北部からも買い物客が集まってきた。その後、他市町村における大型店の進出や郊外型店舗の増加などにより、2000年頃には商店街内の大型店の撤退が相次ぎ、空き店舗が増加した。

　現在営業をしている商店は60店ほどと見られ、商圏も縮小しており、近隣型商店街に近づいていると考えられる。商店街では地産地消型商店街の形成を目指し、2005年にはダイエー跡に産直・地域交流施設「新鮮館おおまち」を開設した。周辺農家が持ち寄る野菜、生花、海産物や惣菜、漬物などが販売されており、ダイエー撤退により商店街から消えた食料品店を補完するものとして人気がある。特に大型店への移動が不自由な高齢者に喜ばれており、食堂も設けられていて、交流の場ともなっている。商店街周辺には世嬉の一酒造「酒の民俗文化博物館」や「蔵の広場」などがあり、これらの歴史遺産を活かしたまちづくりとも連携した商店街の生き残り策が求められている。

十字路商店街 （北上市）

—都市型ショッピングモールのある商店街—

　北上市の中心市街地黒沢尻は奥州街道の宿駅として整備され、北上川の河岸が南部藩の回米輸送の拠点であったことから商業が発達してきた。奥州街道と横手、釜石への街道が十字街をなし、本町、新町、諏訪町、新穀町の商店街が四方に伸びており、4商店街を合わせて十字路商店街と呼ばれる。北上川中流域から和賀川流域を集客圏とする地域型商店街となって

いる。

　1890年東北本線、1924年横黒線（現・北上線）が開通し、商業地が駅方向へ拡大していった。1960年代後半に工業誘致が始まり、1987年には北上川流域テクノポリス地域に指定されて工業化が進展し、商業も活性化した。その後、郊外店の進出などにより空き店舗も目立つようになってきたが、商店街中心に位置するさくら野百貨店（2002年ビブレから経営変更）の存在が大きく、客足の減少は限定的であった。さくら野百貨店は2010年に規模を縮小し、外部テナントを導入したが、その際100台収容可能な駐車場を整備し、中心部に位置する都市型ショッピングモールに変貌した。その結果、郊外からの車利用の買い物客を受け入れることに成功したと言える。

　4商店街で買回り品店を中心に多彩な業種構成の100を超える商店が並んでおり、なかには学生服や教科書販売、自転車店など昔ながらの商店も見られる。2005年からイベントとして「お江戸本牧亭きたかみ寄席」を実施し、4商店街で連携を強めている。

土沢商店街 （花巻市）

—北上山地の小さな商店街—

　東北新幹線新花巻駅で釜石線に乗り換えて約10分で土沢駅に到着する。宮沢賢治の『銀河鉄道の夜』の始発駅として描かれたと言われている土沢駅前に広がるのが土沢商店街で、花巻市に合併するまでの旧東和町の中心商店街として賑わい、周辺農村地域の農家が農産物やウナギなどを売りに来て、その帰りに商店街で買い物をする光景も見られたという。しかし、近年は花巻市中心部や近隣市への買い物流出、通勤ついでの買い物が増えたこと、周辺地域の人口減少と高齢化による商圏の縮小などにより、買い物客は土沢商店街から徐々に遠のき、2000年頃には100近くあった商店は半数以下に減少している。

　商店街では「株式会社土沢まちづくり会社」を設立し、萬鉄五郎記念美術館などと連携し「アートで賑わいあふれる商店街」に取り組み、2009年に「新・がんばる商店街77選」に選ばれた。さらに、商店街が周辺農村に出向き、廃校になった学校や地域センターなどで自らの商品を販売する「おしかけ商店街」を実施し、お年寄りなどに喜ばれていた。また、農と商を結ぶ取組みとして「おたすけキッチン」という惣菜屋を始めている。これは地元の農家が栽培した旬の食材を地域の女性がその日のうちに調理

し、商店街内にオープンした居住長屋「こっぽら土澤」で提供するというもので、高齢者への食の提供、生鮮食料品店がなくなった商店街の補完、子どもの食育といった役割も担っている。東日本大震災による影響は大きく、周辺農村地域とのつながりのなかで形成されてきた本商店街の歴史を背景に、新しい道を探ろうとしている姿に注目したい。

末広町商店街 (宮古市)
―コミュニティが支えた港町の商店街の復興―

　JR宮古駅の北を通る閉伊街道（宮古街道）を港方面へ、栄町交差点から市役所前まで約1kmにわたって商店街が続いている。西側が末広町商店街、東側が中央商店街になる。三陸海岸の中央部に位置する港湾都市、漁港である宮古市は、古くから独自の商圏を形成してきた。当初の市街地の中心は本町（市役所付近）にあったが、1934年に山田線が開通すると、駅を起点に水田地帯に末広町などの街並みが形成された。

　戦後、いち早く復興に取り組んだ末広町では、幅員10mの道路の両側に100近い中小の商店が連なり、地域型商店街として賑わっていた。20年ほど前から地域活性化への取組みとして、市内の他商店街や生産者、福祉関連団体、教育関連団体など、地域全体での協力の仕組みづくりを積極的に行ってきた。集客力のある大型店や公設施設がないなか、空き店舗を活用した交流施設「すえひろ亭」や「りあす亭」の開設とそこでのイベントはその成果であった。

　2011年の東日本大震災では、壊滅的被害を受けた海側の中央商店街ほどではなかったが、末広町商店街でも建物の大部分が大きな被害を受け、商品も浸水破損し、営業は不可能かと思われた。震災翌日から自力でがれき撤去に取り組み、衣料品など水をかぶった商品を洗って乾かして店先に並べたところ、家財を失った被災者にとって大きな助けとなり、大勢の人が足を運んできた。その後、救援物資が届き生活が落ち着いた6月には、隣接する商店街と合同で「宮古あきんど復興市」を開催し、その後も年2回開催している。比較的スムーズに復興市が開催され、復旧に向かっているが、背景には日頃からの地域コミュニティとのつながりがあると言われている。震災で「すえひろ亭」は閉鎖されたが、その中核になる施設が「りあす亭」である。

花風景

毛越寺庭園のハナショウブ

地域の特色

　わが国で県土は2番目に広く、南北に長く、東部に北上山地、西部に奥
羽山脈と火山帯が連なり、この間に北上川が流れ、盆地を形成して、重要
な交通路となって、盛岡、北上などの都市を発達させた。東は太平洋に面し、
漁港や工業地帯を形成したが、古くから津波の被災地でもあった。北上山
地の準平原の平坦地は畜産業の適地となった。中世には平泉で奥州藤原氏
三代が栄え、中尊寺、毛越寺などが造営された、近世には盛岡を中心に南
部氏南部藩（盛岡藩）が支配した。太平洋側の冷温帯の気候を示す。

　花風景は、近世の治水のための土堤・近代の観光開発・過去の津波到達
点などの都市部のサクラ名所、畜産農場や里地里山の山野草、古い寺院の
ハナショウブの再現、温泉地のバラ園、山岳の高山植物など多彩である。

　県花はNHKなどの公募によって選ばれたキリ科キリ属のキリ（桐）であ
る。落葉広葉樹で淡い紫色の花をつける。キリは箪笥や下駄の高級材とし
て知られ、岩手県のキリは特に光沢と色合いが美しいので「南部の紫桐」
と呼ばれている。古く遠野南部氏が奈良から移植したと伝えられている。
古来、菊花紋と同様に桐花紋として広く紋章に用いられてきた。

主な花風景

盛岡の高松公園のサクラと石割桜　＊春、天然記念物、
日本さくら名所100選

　高松公園は盛岡市内にある約54ヘクタールの都市公園である。高松公園
の中心上田堤の池の周辺には日露戦争の勝利を記念して1906（明治39）年
に記念栽桜会によりソメイヨシノ1,000本の記念植樹が行われ、現在池の
周辺に約800本が残っている。盛期を過ぎた老木が多いがまだまだ元気で、
岩手山を背景に満開のサクラが池に映る姿は大変美しい。

　また、盛岡市内の中心部には石割桜がある。巨大な鏡餅のような花崗岩

凡例 ＊：観賞最適季節、国立・国定公園、国指定の史跡・名勝・天然記念物、日
本遺産、世界遺産・ラムサール条約登録湿地、日本さくら名所100選などを
示した

の中央部の割れ目に育った直径約1.35メートル、樹齢360年を超えるエドヒガンである。1923（大正12）年に国の天然記念物に指定された。樹勢の衰えが目立っていたため、2000（平成12）年50年ぶりに樹木医による本格的な治療が行われ、現在は樹勢を取り戻して毎年美しい白い花を咲かせ市民をほっとさせている。

北上展勝地のサクラ　＊春、日本さくら名所100選

　北上展勝地は、北上市内の北上川の岸辺に整備された約293ヘクタールの都市公園で、約1万本のサクラの木が植栽されている。北上川の堤防に植えられた2列のサクラは大らかに枝を伸ばし、たくさんの花を咲かせ約2キロの花のトンネルとなっている。トンネルの中を通り、空が見えないほどの花を楽しんだあと、折り返してサクラ並木の外側を歩けば、緩やかにカーブしたサクラ並木や北上川の緩やかな流れを楽しむことができる。

　展勝地一帯は、大正時代荒廃していたことから後に黒沢尻町長となる沢藤幸治が1920（大正9）年に和賀展勝会を設立、サクラの権威であった三好学東京帝大教授と井下清技師の設計と指導の下、「和賀展勝地計画」を立て、この地をサクラの名所にすることとした。沢藤は、原敬首相などの支援を受け、20（同9）年ソメイヨシノの植栽を開始、21（同10）年和賀展勝地を開園。54（昭和29）年北上市の市制施行以後、北上市立公園展勝地と呼ばれるようになった。現在、約1万本のソメイヨシノを主体としたサクラと10万株のツツジが植えられており、さらに整備が進められている。

　なお、北上展勝地の本領はその名が付けられた陣ヶ丘からの展望であり、遠く雪をいただく和賀山地をバックに白く長く続くサクラ並木とゆったり流れる北上川の織りなす展望は大変すばらしいのでぜひ訪れていただきたい。

唐丹町本郷のサクラ　＊春

　釜石市唐丹町本郷にあるサクラ並木は、国道から小さな漁村につながるのどかな一本道にあり、内陸部より一足先に見頃を迎える。約800メートルのサクラの花のトンネルがつくられるが、桜祭りなどは特に催されず静かに花見をすることができる。

　このサクラは1933（昭和8）年の三陸大津波により大被害を受けた旧唐

丹村の復興への願いと同年の皇太子明仁親王（当時）ご生誕の祝福を兼ねて、34（同9）年青年団が村内の道路にソメイヨシノ2,800本を植えたものである。

本郷集落は、1933（昭和8）年の三陸大津波で大きな被害を受け、高台移転が行われた。この時の津波到達点にサクラが植えられたが、これは津波の記憶をとどめ、後世の人々へ警告する目的もあったといわれる。現に東日本大震災の津波は、このサクラ並木の下で止まり、震災直後も花を咲かせた。すでに齢80年余を経過しサクラの老化が進みつつあることから、東日本大震災以降地元のボランティアや樹木医によってテングス病の枝や朽ちた幹の切除、根や幹の負荷軽減、花芽の保存、施肥などの管理が行われている。

津波到達点へのサクラの苗の植栽は、東日本大震災後各地で行われている。唐丹町のサクラはこれらの魁をなすもので、数十年後には新しいサクラの名所が各地に生まれ、美しいサクラによる津波の記憶が多くの人に伝えられることが期待される。

なお、近傍には1801（享和元）年の伊能忠敬による三陸沿岸測量を顕彰して、14（文化11）年に地元の天文暦学者葛西昌丕によって建立された測量の碑と星座石がある。花見とともにぜひ訪れていただきたい。

小岩井農場のサクラとサクラソウ　＊春、重要文化財

小岩井農場は滝沢市と岩手郡雫石町にまたがる約3,000ヘクタールの大農場である。小岩井農場にはまきば園周辺のサクラ並木、一本桜のほか、ザゼンソウ、ミズバショウ、サクラソウの大群落など花の見どころがたくさんある。

小岩井農場は1891（明治24）年鉄道庁長官井上勝、日本鉄道会社副社長小野義眞、三菱社長岩崎彌之助が共同創始者となり設けられた大農場で3名の姓の頭文字を採り「小岩井」農場と名付けられた。当時のこの地域一帯は、岩手山・秋田駒ヶ岳からの火山灰が堆積し冷たい西風が吹く原野で極度に痩せた酸性土壌であったという。そのために、土壌改良や防風・防雪林の植林などの基盤整備に数十年を要している。通常の牧場、農地の開拓は、原生林などを伐採することから始まるが、小岩井農場は原野に植林することから始まっている稀有な農場である。こうして新たにつくられた

森林は岩手山麓に生育生息する多くの生物を育むこととなった。森林内の湿地にはミズバショウやサクラソウの大群落があり、特にミズバショウは中心の花を包む大きな白い苞（仏炎苞）が2枚あるものが多くみられる。また、サクラソウは日本でも最大クラスの群落の規模となっている。これらが咲く頃には自然ガイドによる自然散策ツアーが行われ、通常では入ることができない農場内の自然を楽しむことができる。一般観光客向けに開放されている「まきば園」周辺には、ソメイヨシノのサクラ並木がありゴールデンウィークの頃に花見ができる。また、NHKの朝のTVドラマ『どんど晴れ』で有名になったのが小岩井農場の一本ザクラである。秀峰岩手山を背景に、小岩井農場の緑の大地にしっかりと根を張るエドヒガンは、明治40年代に牛のための「日陰樹」として植えられたといわれている。農場の人たちの牛への愛情と粋な計らいが今日の美しい風景をつくり出した。

　宮沢賢治は農場とその周辺の風景を愛好し、しばしば散策している。なかでも1922（大正11）年5月の散策は、詩集『春と修羅』に収録された長詩「小岩井農場」の基になった。この詩には草花としてオキナグサ、サクラ、モウセンゴケが登場する。小岩井農場には、宮沢賢治が見たであろう明治時代からの牛舎や倉庫、サイロなどが残されており、国指定重要文化財、日本の20世紀遺産に指定されている。サクラの花とレンガのサイロ、古い牛舎、そして牛が一体となった美しい農場風景画が描かれる。

毛越寺庭園のハナショウブ　　＊夏、特別史跡、特別名勝、世界遺産

　平泉にある毛越寺は、850（嘉祥3）年中尊寺と同年に慈覚大師円仁が創建。その後、大火で焼失して荒廃したが、奥州藤原氏基衡、秀衡によって壮大な伽藍を再興され当時は中尊寺をしのぐ規模だったといわれる。しかし、その後はたびたび火災に見舞われ、戦国時代以降礎石を残すだけとなっていた。毛越寺境内遺跡は、復元整備などを目的に1980年度から10年の歳月を費やし発掘調査、復元が行われ、大泉が池や中島、遣水など、12世紀に構想された浄土世界が再現された。

　大泉が池の西側開山堂前にハナショウブ園がある。このハナショウブ園は1953（昭和28）年に平泉町民の発案で東京の名園・堀切菖蒲園から100株購入し植えられたことに始まる。翌年明治神宮から100種100株を譲り受けその後も種類を増やし、現在では300種類3万株のハナショウブが咲

くまでになった。揚羽や初鏡などが大輪を咲かせ、紫、白、黄色と色鮮やかに咲き誇り、花越しに見る開山堂や開山堂から大泉が池を見る風景は一見の価値がある。72（同47）年から「アヤメ祭り」が開催され、国の重要無形民俗文化財に指定されている延年の舞などが舞われる。

花巻温泉バラ園のバラ　　＊春・秋

　岩手を代表する温泉地花巻温泉のバラ園は、広さ約1.6ヘクタールの敷地に約450種6,000株を超えるバラがコンパクトに植えられ、春と秋鮮やかな色彩と豊かな香りのバラの花が庭園を彩どる。イングリッシュローズ、ベルギーローズ、オールドローズなどのテーマ別のバラの展示の他、噴水や宮沢賢治が設計したといわれる日時計などがある。

　花巻温泉は、創始者金田一国士が「花巻に宝塚に匹敵するリゾート地を建設する」という夢を抱き 1923（大正12）年に開業したことに始まる。当時は旅館、貸別荘、動植物園、ゴルフ場、テニスコート、日本初となるナイタースキー場、プール、食堂、ゲームコーナー、郵便局、公会堂、住宅、30カ所以上の入浴場といったさまざまな施設が建設され一大リゾートとして栄えたといわれる。これらの施設の中には植物園や花壇などがあり、27（昭和2）年には、宮沢賢治が花巻農学校の教え子で遊園地の造園主任だった冨手一に依頼され、南斜花壇の設計や庭づくりを指導、花巻駅から温泉まで毎日のように電車で通い熱心に花壇づくりをしたという。

　この歴史ある南斜花壇周辺で 1958（昭和33）年バラ園の整備が開始され 60（同35）年花巻温泉バラ園が開園した。当時は200種800本であったが、現在では約450種6,000株を超えるまでになり北東北を代表するバラ園となった。

西和賀町のカタクリ　　＊春

　カタクリは、ユリ科の多年草で早春に10センチほどの花茎を伸ばし、薄紫から桃色の可憐な花を先端に一つ下向きに咲かせる。地上に姿を現す期間は4〜5週間程度で開花期間は2週間ほどと短いことから「スプリング・エフェメラル」（春の妖精）と呼ばれている。近年乱獲や盗掘、開発による生育地の減少などによって減少している。岩手県内の各地でカタクリは見られるが、特に西和賀町では群生地が多く「町の花」にカタクリが指定さ

れている。西和賀町の群生地は、もともと広くカタクリが自生していたが人為的な刈払いなどの管理によって増殖を図り観光地として活用したものである。群生地は北から銀河の森、安ヶ沢、無地内の３カ所あり、カタクリ回廊として結ばれている。銀河の森群生地は、自然林の林床に広がる群生地でカタクリの他、キクザキイチリンソウ、ニリンソウなど多くのスプリング・エフェメラルを見ることができる野性味のある群生地である。安ヶ沢群生地は、里地里山にある群生地でクリ畑の林床などで管理されたカタクリ畑といった感がある。一面にカタクリが咲くと桃色の絨毯を広げたようになり、キクザキイチリンソウやエゾエンゴサクの青や白い花やキケマンの黄色い花がアクセントとなる美しい模様を描いている。高低差があるため、花の咲く時期が少しずれるので比較的長くカタクリの花を楽しむことができる。無地内自生地は、サクラの植林地の広がっており、運が良ければサクラとの競演が見られる。

　さて、「かたくり粉」であるが、かつては文字通りカタクリの根茎から製造した。江戸時代南部藩をはじめ複数の産地で生産されたが、明治以降、北海道開拓が進みジャガイモが大量栽培されるようになると原料はジャガイモに切り替わった。しかし、名称はそのまま残っている。江戸時代かたくり粉は薬用として使われた貴重品で、南部藩の名産品として「南部片栗」と呼ばれ将軍に献上されていた。かたくり粉を献上していたのは、唯一南部藩だけだったといわれている。南部の地とカタクリは深い縁で結ばれている。

早池峰山の高山植物 ＊春・夏、早池峰国定公園、自然環境保全地域、特別天然記念物

　北上山地は、隆起準平原という平坦な地形が隆起後に侵食されたもので、全体としてはなだらかな山地である。その中央部に北上山地の盟主標高1,914メートルの早池峰山がそびえている。山頂は、花巻市、宮古市、遠野市の３市にまたがっている。2016（平成28）年古くからの修験の道河原の坊登山道が土砂崩れのため閉鎖されたため、多くの登山者は小田越登山道を登る。初めはコメツガなどの針葉樹林帯を通過するが、１合目付近から森林限界となり急に視界が開ける。３合目付近から草原の中に白いハヤチネウスユキソウや青紫色のミヤマオダマキ、ミヤマアズマギク、黄色のナンブイヌナズナ、オオバキスミレなど色とりどりの可憐な高山植物の

姿を見ることができる。夏も終わりに近づくと、赤紫色の穂をつけたナンブトウウチソウなど赤色系統の花が多く見られるようになる。頂上からは北に岩手山、西に太平洋を望む雄大な風景を楽しむことができる。

　早池峰山は4億年以上も前の古生代オルドビス紀に海の中で形成され、中生代後期に海から上昇して地表に現れたかんらん岩や蛇紋岩（じゃもんがん）が中腹以上に分布している。かんらん岩や蛇紋岩は、マグネシウムや重金属を多く含み植物に悪影響を及ぼす。また、蛇紋岩は風化しても土壌となりにくく、植物の栄養となるリンや窒素も乏しい。さらに、雪が少ないために冬には土壌の水分が凍結する。このような厳しい条件のため、一般的な植物が生育することは大変難しく、厳しい環境下でも成育できる「氷河期の遺存種（いぞんしゅ）」とされるハヤチネウスユキソウやナンブトラノオなどの固有種をはじめ、ヒメコザクラ、トチナイソウ、ナンブトウウチソウ、ミヤマアズマギク、ナンブイヌナズナ、ミヤマオダマキなど140種もの希少な高山植物が生育している。特にハヤチネウスユキソウは、ヨーロッパアルプスに分布するエーデルワイスとよく似ているとされ、この花を見るために訪れる登山者も多い。

　早池峰山の植物研究は、ロシアの植物学者マキシモビッチによって1868〜79（明治元〜12）年にかけて行われた。当時、外国人は自由に移動できなかったことから、実際の植物採集を行ったのは岩手県紫波町（しわちょう）出身の須川（すがわ）長之助（ちょうのすけ）で、マキシモビッチは帰国後も岩手県内ばかりでなく日本各地の採集を須川に依頼して、さく葉（押し葉）標本をロシアに送らせていた。早池峰の貴重な植物がマキシモビッチによって報告されたことから欧米の植物学者や国内の植物学者にも知られることとなり、多くの植物学者が訪れることとなった。

　近年シカが増殖し高山植物の食害が発生していることから柵の設置などの対策が進められている。

八幡平（はちまんたい）の高山植物　　＊春・夏、十和田八幡平国立公園

　八幡平は、奥羽山脈北部の岩手県八幡平市と秋田県鹿角市（かづの）とに跨る緩やかな頂上をもつ山群である。標高は1,614メートル。かつては山頂部のなだらかな様子から楯状火山（たてじょうかざん）（アスピーデ）とされていたが、現在では山頂が台地状になった成層火山と分類されている。広い高原上のあちこちにさ

まざまな形の火山起源の小さなピークがそびえ、その間にたくさんの沼や湿原が点在する。湿原ではヒナザクラ、ワタスゲ、ニッコウキスゲ、キンコウカ、コバイケイソウ、チングルマ、ウメバチソウなどの色とりどりの花を見ることができる。その名の通り広い平らな山なのできつい登りも少なく楽に雲上の楽園巡りをすることができる。

　山麓には広大なブナ林が広がり、中腹にはアオモリトドマツとダケカンバの針広混交林、山頂付近はアオモリトドマツ林となり、冬季には樹氷が発達する。八幡平には、頂上近くまでアスピーテライン、樹海ラインが通過しており、比較的容易に亜高山帯の自然と接することができる。

安比高原のレンゲツツジ　＊春

　安比高原は、八幡平市の北西部、標高約900メートルに位置する高原で、APPI高原スキー場によってその名は全国的に知られているが、スキー場の北西に美しいブナ二次林やノシバの草原が広がっていることはほとんど知られていない。この草原は、平安時代から続いていたと推定されている千年続く半自然草原であり、かつては広大なノシバの草原の中にレンゲツツジ、スズラン、オキナグサなどの草原植物がたくさん咲いていたといわれている。

　しかしながらおよそ30年前に牛馬の放牧が終了したため、ノシバの草原は森林化が始まりかつての美しい草原風景が急速に失われた。一番奥に位置する「奥のまきば」の大半はすでにササで覆われてしまったが、幾つかある池の周辺などごく一部は人力で刈払いが行われ、ミツガシワ、コバギボウシ、ミズギク、ヤナギラン、エゾオヤマリンドウ、サワギキョウなど多くの美しい花を見ることができ、特に晩秋に咲くエゾオヤマリンドウは濃い紫色で大変美しい。また、一番広い「中のまきば」では、2014（平成26）年から地元の民間団体によって下北半島の寒立馬の血を引く農耕馬を再放牧してノシバ草原の再生・復元が始まった。これらの活動によってレンゲツツジが復活、見事に咲くようになり、6月上旬には草原一帯がレンゲツツジの朱色の花とズミの白い花で彩られるようになった。レンゲツツジの咲く草原に農耕馬がいる風景は、かつては北東北で普通に見られた風景であるが、今ではほとんど見ることができない、懐かしくまた貴重な風景である。

公園 / 庭園

毛越寺庭園

地域の特色

　岩手県は、北海道に次ぐ面積をもつわが国で2番目に広い県であるが、同様に北海道に次ぐ低い人口密度となっている。南北に長く、東部は北上山地が連なり、西部の秋田県境は奥羽山脈が連なり、この両山岳地帯の間に北上川が南流し、盆地を通過して、重要な交通路となっている。宿場町や河港集落を母体に盛岡などの都市群が発達した。東は太平洋に面し、宮古などの漁港が発達し、釜石などの工業地帯も形成した。

　奥羽山脈は壮年期の急峻な山岳で、東日本火山帯の旧那須火山帯にも属し、東北地方を太平洋側と日本海側に二分する分水嶺として、気候的にも文化的に大きな差異を生みだしている。長い海岸線は優れた景観をつくりだしてきたが、古くから津波の被災地でもあった。北上山地は古い山岳で長年の浸食によりなだらかな準平原となり、部分的に早池峰山のように地質的に浸食に耐えた残丘がそびえている。準平原の平坦地は畜産業の地となり、冬に人と馬がともに暮らす曲り家や南部牛追歌などが有名であった。風土性ともいうべき土地のおもむきを強く残しており、遠野などは柳田国男『遠野物語』（1910）の世界を今も残している。

　先史時代からの遺跡が見られるが、古代に征夷大将軍によって蝦夷地が平定され、古代末には鉱山などの財力を背景に平泉で奥州藤原氏三代が栄え、中尊寺、毛越寺、無量光院が建てられ、2011（平成23）年には世界文化遺産「平泉－仏国土（浄土）を表す建築・庭園及び考古学的遺跡群」に登録された。古くは陸中の国と呼ばれ、中世から近世にかけては盛岡を中心に南部氏が支配し、南部藩、盛岡藩ともいった。

　釜石の橋野鉄鉱山は、福岡・長崎県などの構成資産とともに、2015（平成27）年、世界文化遺産「明治日本の産業革命遺産」となった。自然公園は山岳、海岸ともに恵まれ、都市公園・庭園は歴史、世界遺産などに関わるものが特徴的である。

目 三陸復興国立公園北山崎・浄土ヶ浜 ＊名勝、天然記念物

　2013（平成25）年、三陸復興国立公園が、東日本大震災の三陸地域の復興に資するため、従来の岩手県・宮城県の陸中海岸国立公園を中核に、北の青森県の種差海岸階上岳県立自然公園と南の宮城県の南三陸金華山国定公園を編入するかたちで創設された。北上山地が太平洋に接する海岸地域と地形的にも地質的にも一体をなし、延長約 220 km におよぶ海岸線は、北部の隆起地形の海岸段丘が豪壮な海食崖をつくり、南部の沈降地形のリアス海岸が変化に富む優美な海岸を生みだしている。陸中海岸国立公園は、戦前の山岳重視の国立公園指定の反動で、1955（昭和30）年に西海国立公園とともに誕生した海岸公園であるが、当初は岩手県のみで、その後南の宮城県、さらに岩手県北部へと拡張された。三陸とは陸奥・陸中・陸前という、ほぼ青森県・岩手県・宮城県に対応する旧国名にちなんでいる。

　当地は美しい風景、タブ、ハマハイビャクシン、ハマナスなどの多様な海岸植物、ウミネコ、オオミズナギドリなどの海鳥、アマモなどの浅海域の藻場など生物多様性に恵まれた豊かな自然環境に囲まれていた。八戸（青森県）・宮古・釜石・大船渡・気仙沼（宮城県）などわが国屈指の漁港を有し、カキ、ホタテ、ワカメの養殖も盛んな地であり海の幸にも恵まれていた。三陸復興国立公園は自然の恵みと脅威、人と自然との共生により育まれてきた暮らしと文化をテーマとして、2010（平成22）年の国立・国定公園総点検も踏まえ、自然公園の再編、持続可能な里山・里海の重視、森・里・川・海のつながりの再生、南北に交流する長距離トレイル建設などの復興策を打ち出した。北山崎は「海のアルプス」とも称され、高さ200 mに達する海食崖の豪壮な断崖が続き、海上には洞門も立ち、風景の白眉であった。浄土ヶ浜は白砂の浜の目前に白い岩塊の奇岩が 鋸 状に連なっていた。碁石海岸は黒の碁石を並べたように黒色玉石が敷きつめられていた。不思議なことに、津波は砂浜、干潟、藻場や動植物に被害をもたらしたが、これらの海食崖や岩石海岸の破壊はもたらさなかった。北山崎や浄土ヶ浜の自然は悠久の時間のなかで幾度か津波に遭遇したであろうが、何事もなかったかのように今も悠然とたたずんでいる。

🈁 三陸復興国立公園高田松原奇跡の一本松

*名勝、日本の都市公園 100 選、日本の歴史公園 100 選

　2011（平成 23）年 3 月 11 日、東日本大震災（東北地方太平洋沖地震）が起き、甚大な被害をもたらした。津波の猛威には呆然とせざるをえない。すべてを押し流し、土地の痕跡すら消しさり、壮絶な風景を残した。故郷の風景は人間存在の基盤であり、拠るべき所である。しかし、血縁や地縁とともに、土地との根源的な紐帯までをも一瞬にして喪失させてしまった。陸前高田の高田松原に残された奇跡の一本松は象徴的な風景だった。われわれは場所に根づいて生きている。故郷には大切な記憶がいっぱいつまっている。高田松原の防潮林は津波の衝撃を抑え、漂流物を遮ったであろうが、津波は一瞬にして広大な防潮林をなぎたおし、町並みもほぼ壊滅させた。そんななか、健気にも残った一本松には感動させられた。その後一本松は模造のメモリアルとなり、巨大防潮堤が築かれ、宅地は造成で嵩上げされ、風景は一変した。海岸の松原は古来より日本人に愛でられてきた風景であり、身近に親しまれてきた日本人の原風景であった。全国的にも、高田松原、松島、気比の松原、三保松原、天橋立、浦富海岸、隠岐白島海岸、隠岐布施海岸、入野松原、虹の松原などが文化財保護法の国指定の名勝として守られ、海岸林や岩礁の松の秀逸な風景を見せてきた。江戸初期頃の絵師長谷川等伯の「松林図」は、強い抒情性を示しながら簡素をきわめた写実的な表現で松林をリアルに表現していたが、これは、日本人にはどこかで見たような既視感にとらわれる風景ではなかったろうか。高田松原の奇跡の一本松は陸前高田の松原の記憶を継承した。

🈁 十和田八幡平国立公園八幡平・岩手山

*特別名勝、天然記念物、日本百名山

　八幡平などの岩手県・秋田県にまたがる奥羽山脈の脊梁地域が、戦後の1956（昭和 31）年、飛地で十和田国立公園に編入され、国立公園名も十和田八幡平国立公園に改称された。那須火山帯に属し、火山が連なり、温泉も豊富である。温泉地は登山やスキーの拠点にもなっている。森林も山麓のブナ林、亜高山帯のダケンカンバ林、オオシラビソ林、高山帯のハイマツ林と豊かで、高山植物も多い。動物も多く生息している。火山は、県境

に北から八幡平、大深岳、烏帽子岳（乳頭山）、秋田駒ヶ岳と連なり、県
境の岩手県側にこの地域最高峰の岩手山（2,038m）がそびえる。

　八幡平（1,614m）は火山地形の山岳であるが、頂上部が平坦になってい
るためこのような名前になっている。広い高原の火口湖の八幡沼やガマ沼
などの多くの沼や高層湿原が点在する。八甲田と同じくオオシラビソの樹
氷が美しい。稜線近くには東北では最も標高が高い藤七温泉がある。成層
火山の岩手山は富士山のように眺められ、古くからの山岳信仰の地でもあ
り、南部富士、岩手富士と呼ばれるシンボルとして、郷土が誇る名山であっ
た。詩人の宮沢賢治や石川啄木にとってはふるさとの山であり、詩の源泉
となる原風景であった。啄木の1910（明治43）年の処女歌集『一握の砂』の
「ふるさとの山に向ひて言うことなし　ふるさとの山はありがたきかな」は
出生地の岩手県渋民村から見た岩手山だといわれている。しかし、岩手山
の西は複式火山の複雑な地形となり、見る角度によっては半分削られてい
るように見えるので南部片富士とも呼ばれ、南部地方（岩手県）にある欠
けた富士山と見立てている。山腹には1719（享保4）年の噴火による焼走り
溶岩流が見られる。岩手山の山麓には網張温泉などがあり、その近くには
1978（昭和53）年稼働の葛根田地熱発電所がある。国立公園内では阿蘇く
じゅう国立公園の八丁原に次ぐ規模である。なお、小規模なものは国立公
園内でも全国にいくつかある。

早池峰国定公園早池峰山　＊特別天然記念物

　早池峰山（1,914m）は北上山地の最高峰である。北上山地は内陸部と三
陸海岸部を分断する深い山地であるが、古い山地でなだらかになっている。
早池峰山は希少植物が多く、優れた植生を示している。戦後、国定公園は
利用重視で指定が進んだが、日高山脈などと同様、自然保護重視の国定公
園である。山岳信仰の山であり、南には民俗学で知られた遠野がある。

栗駒国定公園栗駒山・焼石岳

　栗駒山（1,627m）は奥羽山脈中央部に位置し、岩手・宮城・秋田の3県
にまたがる。山頂からは月山、鳥海山、蔵王連峰、駒ヶ岳、早池峰などが
見渡せる。栗駒山の北の岩手県内に焼石岳（1,548m）が連なる。栗駒山、
焼石岳ともに溶岩円頂丘をもつ古い火山で、山頂部の高山植物のお花畑、

山麓の深いブナ林、多くの温泉など、東北らしい山岳風景を見せている。

都 岩手公園（いわて）　＊史跡、日本の都市公園 100 選、日本の歴史公園 100 選

　盛岡駅から東に約1km離れたところに位置する盛岡城跡につくられた公園である。盛岡城は1598年（慶長3）年に築城が始まり、3代藩主の南部重直（しげなお）の時に完成し南部氏の居城となった。1872年（明治5）年には陸軍省の所管となり荒廃したが、1903（明治36）年には城跡に公園の建設が決定した。公園建設計画はその後頓挫（とんざ）していたが、日露戦争の戦勝記念と窮民（きゅうみん）救済（きゅうさい）のために、園路と運動場、花壇を整備し「岩手公園」として開園したのが1906年（明治39年）だった。札幌市の大通公園と同じく公園技師の長（なが）岡安平（おかやすへい）が公園をデザインした。長岡の図面を見ると和風と西洋風が混在しており、ゆるやかにカーブする園路とともに、運動場の東側には左右対称の形をした西洋風の花壇が設けられている。花壇は現在もバラ園として管理されている。中津川（なかつがわ）から水がひかれた濠（ほり）は鶴ヶ池（つるがいけ）、亀ヶ池という名で、鶴ヶ池は樹林に囲まれた浅い流れに飛び石が配され自然の小川のような雰囲気を醸（かも）し出している。9月15日の公園の開園式には南部利淳（なんぶとしあつ）も駆けつけ人々が押し寄せる盛況だった。石川啄木（いしかわたくぼく）は「葬列」という随筆に「荒れ果てた不来方城（こずかたじょう）が、幾百年来の蔦衣（つたごろも）を脱ぎ捨てて、岩手公園とハイカラ化した」と述べ、この公園に大理石（だいりせき）の家を建てて白髪を肩まで伸ばし、洋食を食べながら一人暮らしをするという奇妙な夢想を繰り広げている。

　1908（明治41）年には、日露戦争で戦死した42代当主南部利祥（なんぶとしなが）の鎮魂のために銅像が設置されたが、第二次世界大戦時に資材として供出され台座のみが残された。盛岡城跡は1937（昭和12）年に国の史跡に指定され発掘調査と整備が続いている。石垣修理のための調査によって、築城以前の斜面に空堀（からほり）と土塁（どるい）が設けられ17世紀後半にかけて石垣が築かれた様子が明らかになった。

　盛岡市のブランド化の一環として2006（平成18）年に開園100周年を記念し「盛岡城跡公園（もりおかじょうあと）」という愛称が付けられた。盛岡城の歴史性をアピールすることが目的だったが、長く「岩手公園」として市民に親しまれてきたことから賛否両論が巻き起こった。明治時代の長岡の図面は「岩手県公園」というタイトルで、当時の近代化の象徴ともいえる公園に新しく設置された県の名称「岩手」を用いたと考えられるが、100年以上を経て盛岡城

の名前が復活したのである。

都 展勝地公園

　北上市に所在する公園である。北上駅の東、ゆったりと流れる北上川に沿って約2kmにわたり桜が植えられている。沢藤幸治（のちの黒沢尻町長）が和賀展勝会を発足し桜の若木を植えたのは1920（大正9）年のことだった。沢藤は当時の原敬首相にかけあって支援を得、地元の有志の寄付もあって荒れた山に桜が植えられていった。著名な植物学者の三好学と東京市の公園の専門家である井下清の指導の下、翌年には公園が開園した。三好は日本に桜の名所はたくさんあるが、雄大で広々としている点で展勝地に勝るところはない、新しい日本の新しい公園としてつくらなければならないと意気込んだ。開園当初は華奢だった桜の若木は大きく成長し、沢藤や三好の思惑どおり見事な桜の名所になった。展勝地という名前は沢藤が相談した代議士の友人が付けたもので、三好には反対されたがいつのまにか定着したものだという。現在は15万人以上が訪れ桜の開花を楽しむ。

都 柳之御所史跡公園　　＊史跡

　平泉町を南北に流れる北上川の西の台地に立地する奥州藤原氏の行政の拠点で1997（平成9）年に柳之御所・平泉遺跡群として国の史跡に指定された。平安時代末期の堀に囲まれた大規模な遺構と陶磁器や瓦、装飾品などの豊富な出土品から、儀式が盛んに執り行われていて藤原氏との関係が深い重要な遺跡であることが明らかになった。世界遺産の「平泉—仏国土（浄土）を表す建築・庭園及び考古学的遺跡群」の登録資産として中尊寺や毛越寺庭園とともに推薦されたが「浄土」との関わりが明確ではないという理由で外されてしまった。2010年（平成22）年からは史跡公園として公開されている。

庭 毛越寺庭園　　＊世界遺産、特別名勝

　西磐井郡平泉町にある毛越寺は、『吾妻鏡』によると、奥州藤原氏の2代基衡（1156年頃没）が建立したものだったが、鎌倉時代の1226（嘉禄2）年に火災で、主要伽藍は焼失したらしい。毛越寺と藤原道長（966〜1027）が造営した京都の法勝寺の復元図を比較すると、建物や園池の配置が類似

しているので、毛越寺は法勝寺を手本にしたと推定されている。

　本堂手前の南大門跡の前面には、東西200m、南北100mほどの大泉が池が広がっている。池の中央には大きな中島があり、その先に礎石だけが残っている金堂（円隆寺）の跡がある。当初、中島には南大門側に長さ11間（約22m）、金堂側に長さ7間（約14m）で、ともに幅が12尺（約3.6m）もある木橋が架かっていたことが、発掘調査で判明している。現在とはかなり違った光景だったことになるが、これが浄土式庭園の典型的な姿だった。

　大きな中島の南東側に、立石を置いた小島があることが、この庭園のもう一つの特徴になっている。だが、2011（平成23）年の東日本大震災で、立石が傾いてかなり騒ぎになった。小島の対岸からは「出島」と呼ばれる、護岸石組をもった岬が突き出している。池の水に浸食された状態になっているは、昔小学生が学校で使うための粘土を採ったからだという。

　大泉が池の護岸は、玉石を敷き詰めた洲浜になっているが、これも平安時代の浄土式庭園の特徴といえる。池の北東にある全長80mほどの遣水は、洲浜の整備中に発見されたもので、流れの段差がある所や要所の護岸石組は巧みに置かれている。発掘された当初は、流れの底から両岸まで玉石がきれいに敷き詰められていた。

　毛越寺の東側には、観自在王院庭園（世界遺産、国指定名勝）が復元整備されていて、自由に見ることができる。藤原基衡の妻の屋敷を寺としたとされるもので、浄土式庭園がつくられていて、大阿弥陀堂跡と小阿弥陀堂跡の南側に、洲浜をもつ園池が広がっている。

庭 無量光院跡　＊世界遺産、国指定特別史跡

　毛越寺と同じ平泉町にある無量光院は、『吾妻鏡』によると、藤原秀衡（1187年没）が建立したもので、建物や庭園は宇治の平等院を模して造営されたという。平等院と同様に中島に翼廊をもつ本堂を建て、その前面に園池を設けたもので、規模もそれほど違わなかった。以前は中島の堂跡に礎石が残り、園池跡は水田になっていて、所々に荒磯風の石組が見られるだけだった。2012（平成24）年度から整備が始まり、園池が復元されて水が入れられ、平安時代の姿がようやくよみがえった。

温泉

地域の特性

　岩手県は、東北地方の北東部を占め、北海道に次ぐ全国２位の広い面積を有する県である。南北に走る奥羽山脈を境に東側の山麓には日本第５位の北上川が流れ、盛岡、花巻、北上、一関などの主な都市を貫流している。北上川の東は北上高地で占められ、主に古生層の隆起準平原で開析が進んでいる。太平洋岸は陸中海岸国立公園に指定され、北部で海岸段丘が発達して北山崎の見事な海食崖をつくり、南部には三陸のリアス式海岸が続いていて浄土ヶ浜の景勝地となっている。気候の特色として、春から初夏にかけて北東の寒冷な「やませ」が吹き込み、古来冷害をもたらす局地風として知られる。

　自然条件から畜産、リンゴ生産、林業、水産業などに特化しており、また近年では、新幹線や航空網の発達で観光産業が盛んである。奥州平泉の中尊寺、毛越寺や厳美渓、柳田國男の『遠野物語』の遠野、６月10日の盛岡市の「チャグチャグ馬コ」など地方色豊かな観光対象が多い。

◆旧国名：陸中、陸前、陸奥　県花：キリノハナ　県鳥：キジ

温泉地の特色

　県内には宿泊施設のある温泉地が97カ所あり、源泉総数は360カ所、湧出量は毎分６万4,000ℓで全国12位である。年間延べ宿泊客数は381万人で全国12位にランクされる。中心的な花巻温泉郷と近接の花巻南温泉郷が各50万人、24万人で宿泊客を多く集めている。岩手県は温泉資源と山岳景観に恵まれており、青森県との県境に近い金田一、県南部の奥羽山脈中にある秘湯の須川、真湯、夏油の３温泉地域は国民保養温泉地に指定されていて、その宿泊客数は３万5,000人ほどである。各地に伝統のある滞在型湯治場の雰囲気を今に残している温泉地も多い。

主な温泉地

①花巻温泉郷（花巻・台）

50万人、44位

単純温泉、硫黄泉、硫酸塩泉

　県中央部、花巻市にある花巻温泉を中心に、近くの台温泉を加えて花巻温泉郷を形成している。花巻温泉は1923（大正12）年に金田一国士が1kmほど離れた台温泉から硫黄泉を引湯して開いた温泉地である。客の志向に合わせて旅館や貸別荘など多様な宿泊施設を整備し、さらに隣接した遊園地には動物園、高山植物園、薬草園などを配し、運動場もあった。かつては花巻電鉄が旧国鉄花巻駅から連絡していて交通の便はよかったが、現在はバス路線に変わっている。この一大温泉地域は関西の宝塚に対抗して造成されたといい、国際興業の資本のもとに和風旅館、ホテルや園地などを含めて環境、景観の保全に十分配慮した観光温泉地が形成されている。大浴場、露天風呂など施設が充実している上、宿泊料金がリーズナブルなため、台温泉も含めて年間延べ50万人の宿泊客を集めている。ホテルに隣接して、宮沢賢治が設計した日時計花壇や詩碑のある緑地が広がり、釜淵の滝もあり散策によい。JR東北新幹線新花巻駅からも近く、東北自動車道花巻インターチェンジからは5分で到着できる。

　近くの台温泉は15軒ほどの和風旅館が並ぶ落ち着いた町並みを残している。温泉は80℃以上もある高温の硫酸塩泉、硫黄泉である。坂上田村磨呂がこの湯に浸かって「躰癒ゆ」といい、この地を台とよぶようになった伝説や、387（元中4）年に猟師が山中で雉を追って湯けむりをみたが、これを聞いた将監が山へ入り温泉を発見したという言い伝えがある。各旅館とも日帰り客の温泉入浴を歓迎している。行事として、賢治祭での童話劇、鹿踊り、鬼剣舞（9月21日）、無病息災と五穀豊穣祈願の胡四王神社蘇民祭（1月2日）がある。

交通：JR東北新幹線新花巻駅、バス30分

②花巻南温泉郷（松倉・志戸平・渡り・大沢・山の神・高倉山・鉛・新鉛）

24万人、95位

塩化物泉、硫黄泉、単純温泉

　県中央部、ほぼその中心に花巻南温泉郷があり、北上川の一支流である

豊沢川の渓流に沿って、上流から新鉛、鉛、高倉山、山の神、大沢、渡り、志戸平、松倉の8つの温泉地が分布している。泉質も硫黄泉の大沢や単純温泉の鉛など異なっているので、湯めぐりにもよい。このうち、鉛、大沢、志戸平の諸温泉は歴史が古く、浴場にも特色がある。鉛温泉の白猿の湯は深さ1.25mのユニークな立ち湯の浴槽であり、観光客も多い。大沢温泉は自炊部を維持しており、湯治客は格安で滞在できる。鉛温泉と大沢温泉はともに、それぞれ河岸に面した小段丘の平坦地を利用して宿泊施設が建っており、周囲は自然の落葉樹林で覆われ、春の芽吹きと新緑、夏の緑陰、秋の紅葉、冬景色など、四季折々の変化に富んだ自然景観を堪能できる。両温泉地は、いずれも一軒宿ではあるが、自炊中心の湯治部と1泊客中心の旅館部を備えていて規模が大きく、多くの湯治客や保養客に閑静な安らぎの場を提供している。

　花巻南温泉郷には、その他に湯治場としての機能を有する志戸平温泉もあるが、これらの湯治場として名を知られる諸温泉地は、いずれも国民保養温泉地の指定を受けていない。山の神温泉では、落ち着いた大露天風呂への日帰り入浴も可能であり、昼食付きプランもある。鉛温泉、大沢温泉などへのアクセスはよい。東京からは、約2時間半でJR東北新幹線新花巻駅に到着し、バスで約45〜50分で到達できる。しかし、湯治客が多い三陸海岸方面からは、釜石線で花巻まで来て、バスやタクシーに乗り換えることになる。新幹線新花巻駅からはバスの本数が少ないので、花巻までは釜石線を使うと便利である。さらに、花巻空港へは札幌、名古屋、大阪、福岡から定期便が乗り入れており、台湾からのチャーター便も運航されている。大沢温泉では、4月末に金勢まつりが行われる。

交通：JR東北新幹線新花巻駅、バス45分

③八幡平（藤七）　国民保養温泉地　炭酸水素塩泉

　県中西部、八幡平の頂上に近い秋田県境に接した標高1,400mの高地に、一軒宿の藤七温泉があり、1959（昭和34）年に国民保養温泉地に指定された。1932（昭和7）年に秋田県湯瀬温泉のホテルが経営を始め、1969（昭和44）年までは地熱利用の湯治オンドル小屋があった。また、屋外には点在して日光浴台が置かれていた。翌年に八幡平アスピーテラインが開通すると、訪れる人のほとんどが観光客に替わった。雲上の90℃の乳白色

の露天風呂入浴が体験でき、近くに公営国民宿舎やキャンプ場も整備され、夏季には東京方面から訪れる若者が多くなった。混浴露天風呂では女性がバスタオルを利用でき、人気がある。一帯の高山植物を観察するのも楽しい。

交通：JR東北新幹線盛岡駅、バス2時間

④須川・真湯　国民保養温泉地
含鉄泉、硫酸塩泉

　県南西部、栗駒山の北斜面、標高1,125mの高地にあり、夏の平均気温は昼でも20～25℃、夜間は15～20℃という涼しさである。清浄な空気と紫外線の強さと相まって気候療養地としても知られる。素晴らしい眺望の高原には日光浴台が置かれ、地蒸し小屋もあって環境療法の保養温泉地として高く評価される。温泉は溶岩流末端の隙間から湧き出し、温度は47℃で毎分6,000ℓの湧出量を誇り、須川を特色づける千人風呂大浴場を誕生させた。

　この温泉は平安時代、9世紀後半の『三大実録』に記述されているという。地元厳美村の有志数名の共同経営のもとに運営され、1958（昭和33）年に近くの真湯とともに国民保養温泉地に指定された。冬季の積雪による被害で経営難が続き、岩手県南バスの資本進出によって、自炊部に加えて旅館部を新設し、観光客の誘致にも取り組んだ。三陸海岸の漁民や近くの農民からなる自炊湯治客は、かつては2週間もの長期滞在であったが、時代の変化で3～5日ほどとなり、日帰り客が増加した。東北大学の温泉医の指導で、蒸し湯の血圧低下や自然治癒力増大の効果が明らかとなり、療養相談も行われてきた。須川温泉は栗駒山登山の基地としての利用も多いが、強酸性の「直しの湯」としての硫酸塩泉の真湯温泉を訪ねるのもよい。

交通：JR東北新幹線一関駅、バス1時間30分

⑤夏油　国民保養温泉地
塩化物泉、硫酸塩泉

　県南西部、奥羽山脈の真っ只中に位置し、夏油川の渓谷にあるこの温泉地は、栗駒国定公園内のブナの繁る標高700mの山間部にある。湯治場、秘湯としての特性を有しており、1965（昭和40）年に国民保養温泉地に指定された。東北新幹線北上駅からバスで約1時間で到達できる。平安時代、天台僧慈覚大師が経塚山に宝徳寺を建立した際に温泉を発見したとか、

南北朝時代の建武年間に、猟師が白猿の湯浴みを見たともいわれる。自噴泉は50〜67℃の高温の塩化物泉、硫酸塩泉であり、湧出量は毎分360ℓである。風情のある露天風呂が渓谷に点在し、元湯夏油旅館には大湯、目（女）の湯、滝の湯、新湯、疝気の湯の5カ所の露天風呂がある。別館の国民宿舎夏油山荘には白猿の湯が2カ所あり、日帰り客に開放されている。

　温泉は古来、胃病によいといわれたが、神経痛、リウマチなどのリハビリの客も増えている。以前は県内の自炊湯治客が数多く、三陸地方の漁民が30〜40代の壮年期に来訪する習慣もあった。現在では、県外からの保養や観光の客が秘湯を求めて多く来訪している。自炊湯治棟が並ぶ素朴な湯治場景観が印象的であり、周囲は森林で覆われ、渓谷には露天風呂が点在している。渓谷に沿って、国指定特別天然記念物の高さ18ｍ、基底部の直径25ｍという日本最大の石灰華ドームの天狗岩がある。11月初旬から4月末までの冬季間は、豪雪のために閉鎖される。

交通：JR 東北新幹線北上駅、バス1時間

⑥金田一（きんだいち）　国民保養温泉地
　　　　　　　　　　　単純温泉

　県北部、青森県境に接する二戸市（にのへ）にあり、東北新幹線二戸駅からバスで30分ほどの場所に位置し、アクセスのよい温泉地である。温泉は30℃ほどの低温ではあるが、温泉湧出量は毎分1,600ℓに及んでいる。1994（平成6）年に国民保養温泉地に指定された。この温泉地の歴史をみると、江戸時代初期の1625（寛永3）年に発見されたといい、南部藩の「侍の湯」の湯治場として栄えたが、豊臣秀吉の天下統一の合戦場でもあった。国指定史跡である「九戸城跡」があり、瀬戸内寂聴の青空法話が開かれる東北最古の葉養山天台寺もあって、温泉と歴史の町として知られる。春の山菜採り、夏のアユとホタル狩り、秋の紅葉とリンゴ狩りなどの楽しみが多い。

交通：JR 東北新幹線二戸駅、バス30分

⑦繋（つなぎ）　硫黄泉

　県中西部、奥羽山脈東方の御所ダム湖畔に位置し、県庁所在地の盛岡にも近い環境にあって、その奥座敷的役割を担ってきた。地名は1060（康平3）年頃に源義家が安倍貞任を討ったときに、馬を石に繋いで入浴をしたことに由来があるという。岩手山を望み、湖上でのレジャーや近くにあ

る岩井牧場での楽しみもあって観光の拠点となっており、年間20万人も宿泊客を集めている。

交通：JR東北新幹線盛岡駅、バス30分

⑧湯本・湯川　塩化物泉

　県中西部、和賀川の段丘上に立地している湯本温泉は、明治期には自炊旅館の集まった湯治場であったが、1924（大正13）年に横黒線（北上線）が開通すると、近隣地域の人々が旅籠屋（観光旅館）経営に参加した。この頃、近くの湯川温泉は、長期滞在の自炊客が集まる湯治場であった。

　第2次世界大戦後、1950年代頃から観光化がいっそう進み、湯本温泉は、バー、酒場などが集中した歓楽温泉といわれたが、戦後の早い時期に温泉集中管理方式を導入したことは評価される。観光市場も農村部から骨休めに訪れる滞在型ではなく、宿泊客は1泊の30～40代の中高年層の都市住民へと替わり、湯川との機能分化が進んだ。現在、近くの湯田ダムの錦秋湖は、新たな観光資源となり、温泉地周辺でのスキー、和賀川のアユ釣り、博物館見学など、家族連れで楽しめる。

交通：JR北上線ほっとゆだ駅、バス15分

⑨鶯宿　硫化水素泉

　県中西部、奥羽山脈の山岳地域にある温泉地である。加賀の国からやって来た住人が、450年も前の16世紀後半の天正時代に、鶯が温泉に浸かって傷を癒していたのをみて温泉の効能を知ったという言い伝えがある。これが地名の由来であるが、現在では盛岡の奥座敷にもなっていて、年間延べ20万人を超える宿泊客を集める有力な温泉観光地となっている。現在、旅館12軒、民宿6軒、自炊宿2軒などのバラエティに富んだ宿泊施設があって多様な客層に対応でき、レジャーセンター「フラワー＆ガーデン森の風」も設置されている。

交通：JR秋田新幹線雫石駅、バス20分

⑩国見　硫黄泉（硫化水素泉）

　県中西部、奥羽山脈の真っ只中、秋田駒ヶ岳南麓の標高880ｍの山中にある秘湯であり、特に希少価値のある緑色の温泉に入浴する喜びを味わう

ことができる。東邦大学グループの研究によれば、温泉水に硫化水素イオンの量が多く、これに炭酸カルシウムの散乱が一体化して黄緑色になるとのことである。秋田駒ヶ岳への登山コースに日本最大級のコマクサの群落がある。豪雪地帯のため、営業期間は5月初旬から10月10日までである。

交通：JR秋田新幹線雫石駅、田沢湖駅、車30分。平日は予約制でJR田沢湖線赤渕駅での迎え、道の駅（雫石あねっこ）への送りがある。

執筆者 / 出典一覧

※参考参照文献は紙面の都合上割愛
しましたので各出典をご覧ください

I　歴史の文化編

【遺　　跡】	**石神裕之**　（京都芸術大学歴史遺産学科教授）『47都道府県・遺跡百科』(2018)
【国宝 / 重要文化財】	**森本和男**　（歴史家）『47都道府県・国宝 / 重要文化財百科』(2018)
【城　　郭】	**西ヶ谷恭弘**　（日本城郭史学会代表）『47都道府県・城郭百科』(2022)
【戦国大名】	**森岡　浩**　（姓氏研究家）『47都道府県・戦国大名百科』(2023)
【名門 / 名家】	**森岡　浩**　（姓氏研究家）『47都道府県・名門 / 名家百科』(2020)
【博物館】	**草刈清人**　（ミュージアム・フリーター）・**可児光生**　（美濃加茂市民ミュージアム館長）・**坂本　昇**　（伊丹市昆虫館館長）・**髙田浩二**　（元海の中道海洋生態科学館館長）『47都道府県・博物館百科』(2022)
【名　　字】	**森岡　浩**　（姓氏研究家）『47都道府県・名字百科』(2019)

II　食の文化編

【米 / 雑穀】	**井上　繁**　（日本経済新聞社社友）『47都道府県・米 / 雑穀百科』(2017)
【こなもの】	**成瀬宇平**　（鎌倉女子大学名誉教授）『47都道府県・こなもの食文化百科』(2012)
【くだもの】	**井上　繁**　（日本経済新聞社社友）『47都道府県・くだもの百科』(2017)
【魚　　食】	**成瀬宇平**　（鎌倉女子大学名誉教授）『47都道府県・魚食文化百科』(2011)
【肉　　食】	**成瀬宇平**　（鎌倉女子大学名誉教授）・**横山次郎**　（日本農産工業株式会社）『47都道府県・肉食文化百科』(2015)
【地　　鶏】	**成瀬宇平**　（鎌倉女子大学名誉教授）・**横山次郎**　（日本農産工業株式会社）『47都道府県・地鶏百科』(2014)
【汁　　物】	**野﨑洋光**　（元「分とく山」総料理長）・**成瀬宇平**　（鎌倉女子大学名誉教授）『47都道府県・汁物百科』(2015)
【伝統調味料】	**成瀬宇平**　（鎌倉女子大学名誉教授）『47都道府県・伝統調味料百科』(2013)
【発　　酵】	**北本勝ひこ**　（日本薬科大学特任教授）『47都道府県・発酵文化百科』(2021)

【和菓子 / 郷土菓子】　亀井千歩子　（日本地域文化研究所代表）『47都道府県・和菓子 / 郷土菓子百科』(2016)

【乾物 / 干物】　星名桂治　（日本かんぶつ協会シニアアドバイザー)『47都道府県・乾物 / 干物百科』(2017)

Ⅲ　営みの文化編

【伝統行事】　神崎宣武　（民俗学者)『47都道府県・伝統行事百科』(2012)

【寺社信仰】　中山和久　（人間総合科学大学人間科学部教授)『47都道府県・寺社信仰百科』(2017)

【伝統工芸】　関根由子・指田京子・佐々木千雅子　（和くらし・くらぶ)『47都道府県・伝統工芸百科』(2021)

【民　話】　加藤ゆりいか　（岩手民俗の会会員) / 花部英雄・小堀光夫編『47都道府県・民話百科』(2019)

【妖怪伝承】　今井秀和　（共立女子大学文芸学部准教授) / 飯倉義之・香川雅信編、常光 徹・小松和彦監修『47都道府県・妖怪伝承百科』(2017) イラスト©東雲騎人

【高校野球】　森岡 浩　（姓氏研究家)『47都道府県・高校野球百科』(2021)

【やきもの】　神崎宣武　（民俗学者)『47都道府県・やきもの百科』(2021)

Ⅳ　風景の文化編

【地名由来】　谷川彰英　（筑波大学名誉教授)『47都道府県・地名由来百科』(2015)

【商店街】　正木久仁　（大阪教育大学名誉教授) / 正木久仁・杉山伸一編著『47都道府県・商店街百科』(2019)

【花風景】　西田正憲　（奈良県立大学名誉教授)『47都道府県・花風景百科』(2019)

【公園 / 庭園】　西田正憲　（奈良県立大学名誉教授)・飛田範夫　（庭園史研究家)・井原 縁　（奈良県立大学地域創造学部教授)・黒田乃生　（筑波大学芸術系教授)『47都道府県・公園 / 庭園百科』(2017)

【温　泉】　山村順次　（元城西国際大学観光学部教授)『47都道府県・温泉百科』(2015)

索　　引

47都道府県ご当地文化百科・岩手県

令和 6 年 6 月 30 日　発　行

編　者　丸　善　出　版

発行者　池　田　和　博

発行所　丸善出版株式会社
〒101-0051 東京都千代田区神田神保町二丁目17番
編集：電話 (03)3512-3264／FAX (03)3512-3272
営業：電話 (03)3512-3256／FAX (03)3512-3270
https://www.maruzen-publishing.co.jp